도쿄 인문기행

이 책은 2019년 대한민국 교육부와 한국연구재단의 지원을 받아 수행된 연구임(NRF-2019S1A5C2A04082394)

대구대학교 인문과학연구소
도시인문학총서

*10*

# 도쿄 인문기행

허영은 지음

學古房

|서문|

도쿄를 설명하는 말은 실로 다양하다. 일본의 수도, 세계적인 경제 도시, 역사와 문화가 어우러진 관광도시, 첨단과 전통이 어우러진 도시, 기타 등등. 그런데 이런 백과사전식 설명 말고 우리 각자의 마음 속 도쿄는 어떤 곳일까? 2019년 한국연구재단의 연구소 지원 사업으로 한중일 연구자들이 모여 도시 인문학 탐구를 해 보자는 시도는 이러한 소박한 동기에서 시작되었다. 첫 번째는 우리가 있는 대구를 중심으로 중국의 쑤저우, 일본의 후쿠오카를 조망한 강의와 저술이었고, 이번이 두 번째로 한중일의 수도를 역사 문화적으로 고찰해 보고자 했다. 우리가 방문하는 도시에 대해 인문학적 시각을 갖춘다면 자신만의 깊이 있는 도시 체험이 가능하지 않을까 하는 바람이 그 출발점이라고 하겠다.

이 책은 전체 5장으로 구성되어 있다. 1장 도쿄의 지리, 2장 도쿄의 역사, 3장 도쿄의 문화와 예술, 4장 도쿄의 인물, 5장 도쿄의 음식문화를 통해 도쿄를 조망하고자 했다.

역사적으로 도쿄는 에도에서 시작됐다. 1603년 도쿠가와 이에야스가 쇼군이 되면서 에도에 막부를 둔 것이 후에 도쿄가 된 것이다. 이에야스가 에도에 자리를 잡은 것은 도요토미 히데요시 때문이었다. 전국을 통일한 히데요시는 각지의 분란을 잠재우기 위해 가장 위협적이던 이에야스를 끌어들여야 했다. 하지만 한편으로 그의 세력이 지나치게 커지는 것도 위험했다. 결국 히데요시는 이에야스 견제를 위해 그를 교토에서 멀리 떨어진 오다와라로 보내려고 했고 그곳에서 자리 잡기를 바랐지만, 이에야스는 오다와라가 아닌 에도에 자리를 잡았다.

당시 에도는 바다에 접해 있어 습지가 많고 수풀이 우거진 황량한 곳이었다. 그러나 에도시대의 수필집 『갑자야화』에 실린 유명한 이야기처럼 이에야스는 오다 노부나가, 도요토미 히데요시와는 달리 울지 않는 두견새가 올 때까지 기다리는 끈질김과 인내심을 가진 사람이다. 결국 자신을 견제하기 위해 교토에서 멀리 떨어진 황폐한 에도로 쫓아내는 히데요시의 명을 거역하지 않고 치수공사를 통해 묵묵히 에도를 비옥한 땅으로 바꿔놓은 그의 뛰어난 정치 감각과 뚝심이 오늘날의 세계적인 도시 도쿄의 토대를 만들게 된 것이다.

에도가 도쿄가 된 것은 1867년 대정봉환으로부터 시작된다. 에도막부의 마지막 쇼군인 도쿠가와 요시노부가 메이지천황에게 통치권을 반납하는 '대정봉환'이 시행되고 가마쿠라막부 이래 실질적인 정권을 쥐고 있던 막부에서 권력이 다시 천황으로 옮겨지게 된다. 그 후 교토에 거주하던 메이지천황이 1869년 에도로 거처를 옮기면서 도쿄는 명실상부한 일본의 수도가 된다. 이때부터 일본은 메이지유신을 통해 근대화의 기틀을 마련하고 제국주의 국가로 나아가게 된다. 도쿄의 역사는 이에야스의 도전정신에서 시작되어 메이지천황의 제국주의 야욕으로 이어진다고 볼 수 있다.

본문 2장에서는 이상과 같은 에도에서 도쿄로 이어지는 역사의 소용돌이 속에서 현재 도쿄에 남아있는 다양한 역사의 흔적들을, 3장에서는 긴자의 건축이나 가부키와 같은 전통예술에 대해 살펴보았다. 4장에서는 교육을 통해 국민 계몽과 일본의 근대화를 이루고자 한 오쿠마 시게노부와 후쿠자와 유키치의 행보를 추적해 보았고, 마지막 5장에서는 도쿄의 요리에 담겨 있는 역사와 문화 코드에 대해 살펴보았다. 이 정도 내용으로 다양한 얼굴을 가진 도쿄의 모습을 조망하기에는 턱없이 부족한 것이 사실이다. 따라서 앞으로도 이런 시도가 계속되었으면 하는 바람이다.

내게 있어 도쿄는 80년대 초 대학생 신분으로 첫 발을 내딛은 이래 6년 6개월의 유학생활과 그 후 수많은 방문으로 매우 익숙한 곳이다. 그런 개인적인 도쿄 체험의 파편들이 이번 집필을 통해 몇 개의 테마로 수렴되는 것을 느꼈다. 그리고 그동안 알지 못했던 새로운 사실들을 알게 되어 매우 즐거운 작업이기도 했다. 많이 부족한 내용이지만 이 책을 읽고 도쿄를 방문해서 가이드북에 나와 있는 천편일률적인 도쿄의 모습

이 아닌 여러분들만의 도쿄를 보고 느끼고 올 수 있다면 나의 작은 노고
가 조금은 보람되지 않았나 하는 기대를 해 본다.

2022년  6월
허영은

# 제1장

## 도쿄 지리의 특징

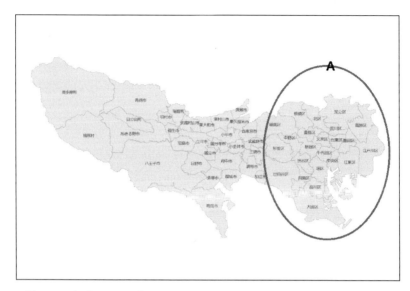

**그림 1.** 도쿄(붉은 원 A지역), 도쿄도 지도(https://power-point-design.com/ppt-design/tokyo-for-powerpoint/)

**그림 3.** 도쿄23구(http://imjapan.com/%EB%8F%84%EC%BF%84%E6%9D%B1%E4%BA%AC/)

**그림 2.** 도쿄도(http://imjapan.com/%EB%8F%84%EC%BF%84%E6%9D%B1%E4%BA%AC/)

## 1) 도쿄의 지리

도쿄는 일본 혼슈 동부에 있는 메이지 시대 이후 일본의 수도이자 최대 도시이다. 도쿄는 교토에서 볼 때 '동쪽의 도읍(東京)'이란 뜻으로, 메이지유신을 단행한 메이지천황이 1868년 "에도를 칭하여 도쿄라고 삼는다."는 칙서를 내린 이후 사용된 명칭이다. 메이지 유신으로 새로운 정부가 수립되면서 에도로 도읍을 옮기고, 메이지천황도 1868년 도쿄로 옮겨오게 되자 이때부터 도쿄는 일본의 수도가 되었다.

도쿄는 행정 구역 상으로는 도쿄도(東京都)에 속하지만, 도쿄도는 다마 지역이나 이즈 제도, 오가사와라 제도의 넓은 지역을 포함하고 있어서 도시라는 뜻의 '도쿄'와는 그 의미가 조금 다르다.

## 2) 도쿄 23구의 특징

도쿄는 뉴욕, 런던과 함께 세계 3대 도시이다. 세계도시는 주로 경제적, 정치적, 문화적인 중추 기능이 집적해 있으며, 세계 경제적 시스템에서 중요한 위치를 차지하고 있는 도시를 가리킨다. 도쿄는 세계에서 제조업이 가장 발달한 도시이고, 또한 수많은 다국적 기업들이 도쿄에 본사 또는 지사를 두고 있으며 세계적인 게임 산업, 만화와 애니메이션 산업, 영상, 디지털, 첨단산업 등의 중심지이기도 하다.

도쿄 23구의 인구는 약 852만 명이다. 이 중 도쿄 도심(지요다구, 주오구, 미나토구)의 인구는 약 33만 명이다. 면적은 2,190km³로, 서울(605km³)의 4배이다.

도쿄 23구의 특징을 보면 <지요다구(千代田区)>는 입법, 입법, 행정, 사법의 중심지로, 가스미가세키(霞が関)에는 검찰청, 경시청 등이 있어 관청가이다. 나가타초(永田町)에는 국회의사당, 의원회관, 총리부, 자민당 본부, 지방자치단체 도교사무소 등이 있고, 하야부사초(隼町)에는 최

**그림 4.** 도쿄 도심(지요다구, 주오구, 미나토구)(https://power-point-design.com/ppt-design/tokyo-for-powerpoint/)

고 재판소가 있다.

도쿄역 주변은 경제, 산업의 중심지이다. 마루노우치(丸の內)지역에는 도쿄도청과 중앙우체국, 미쓰비시를 비롯한 일본 대기업과 은행 본사들이 늘어서 있다. 오테초(大手町)에는 도쿄 중앙전보국과 국제전신전화국, 일본경제신문사, 산케이신문사 등의 신문사가 자리 잡고 있다.

도쿄는 이전에는 에도(江戸)라 불렸다. 에도의 '에(江)'는 '강', '도(戸)'는 '입구'라는 뜻이다. 이름에서 알 수 있듯이 도쿄는 원래 아라카와(荒川), 다마가와(多摩川)와 같은 강이 많고 이 강들이 모여 에도만(江戸湾)의 바다로 흘러들어가는 습지였다. 따라서 계급에 따라 신분이 높은 무사들은 높은 구릉지역에 살고, 상인들은 질척질척한 강변이나 해변에 살았다. 상인이나 일반 백성들이 살던 곳을 에도성이 보이는 낮은 지역이라는 의미로 '시다마치(下町)'라 불렸고, 무사들이 사는 구릉지역을 '야마노테(山の手)'라 불렸다. 이 지명은 오늘날까지 이어진다.

도쿄의 시다마치는 주오구의 니혼바시(日本橋)나 지요다구의 간다(神田), 다이토쿠(台東区)의 긴자(銀座), 아사쿠사(浅草), 우에노(上野)같은 상업지역을 말한다. 이곳은 백화점이나 상점, 음식점이 많은 유서 깊은 지역이다.

## 3) 주택지의 확장과 부도심의 발달

'야마노테'는 에도 시대 무사들의 거주지였는데, 메이지시대 이후에는 주택지화가 추진된 지역이다. 그 후 이 지역을 순환하는 열차 '야마노테선(山の手線)'이 생기고, 이후 야마노테선은 외곽으로 확대된다. 이 지역은 교통이 발달하여, 특히 시부야(渋谷), 메구로(目黒), 나카노(中野), 시나가와(品川), 세타가야(世田谷), 도시마(豊島) 등에 주택지가 형성되었다.

이와 더불어 야마노테선 주변에 부도심이 발달하게 되었다. 야마노테선 중심부는 업무용 건물과 호텔 등이 급속하게 들어섰고, 동시에 재개발사업으로 고급주택과 상업시설이 혼재하고 있는 상황이었다. 그 결과 신주택지와 구주택지 사이에 부도심이 발달하게 되었는데, 신주쿠(新宿), 이케부쿠로(池袋), 시부야(渋谷)가 그런 지역들이다. 이 지역은 도심 상점가와 주변 상점가의 중간적 성격을 가지고 대번화가로 번창하고 있다. 특히 신주쿠는 도심 기능의 일부를 담당하는 비즈니스 센터로서

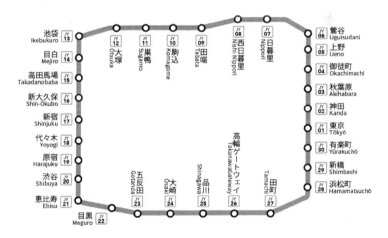

**그림 5.** 전철 야마노테선(https://yahoo.jp/axFn9r)

고층 빌딩가를 이루고 있다.

한편 스미다강(隅田川) 동쪽의 고토구(江東区)는 일찍부터 공업이 발달한 지역이다. 이 지역은 스미다강, 나카가와(中川), 아라카와(荒川)와 같은 강으로 둘러싸여 있고 많은 운하가 발달했으며, 이러한 수로가 도쿄만으로 연결되기 때문에 내륙수로로서 좋은 조건을 갖추고 있다. 이렇게 수로를 이용한 원료와 석

**그림 6.** 고토구(江東区)(https://power-point-design.com/ppt-design/tokyo-for-powerpoint/)

탄 수송이 용이한 입지조건으로 공업이 발달했다.

1950년대 후반 이후 도쿄 외곽 다마지역(多摩地域)에는 단독주택뿐만 아니라 공영, 민영 대단위 아파트 단지가 조성되어 인구 38만 규모의 다마 신도시지역이 건설되었다. 다마지역은 일본에서 최초로 형성된 대규모 신도시로 태평양전쟁 이후 한국전쟁 특수와 도쿄 올림픽으로 경제 재건을 이룬 일본 부흥의 상징이었다. 하지만 당시 베이비 붐 세대가 대거 입주하여 이들을 '단카이세대(団塊世代)'라 부른다. 한때 대인기를 누렸던 다마 신도시는 현재 고령화의 여파로 주민들이 많이 떠나 공동화(空洞化)된 상태이다. 다마시의 다마산지는 간토 산지의 일부로 삼나무·소나무 등의 삼림이 울창하고, 지치부, 다마 국립공원 등이 있어 도쿄 도민의 휴양지로 중요한 구실을 하고 있다.

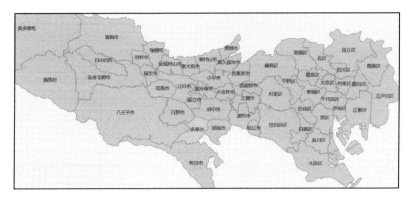

**그림 7.** 다마시(多摩市)(https://power-point-design.com/ppt-design/tokyo-for-po werpoint/)

# 제2장

# 도쿄 역사기행

# 1. 근대 도시 도쿄의 탄생

## 1) 에도 막부의 성립

에도막부의 시작은 1603년 도쿠가와 이에야스가 쇼군이 되면서부터이다. 도쿠가와 이에야스를 관동쪽으로 보낸 것은 도요토미 히데요시이다. 히데요시에게 이에야스는 필요하지만 견제해야 될 대상이었다. 전국을 통일한 히데요시는 각지의 분란을 잠재우기 위해 가장 위협적이던 이에야스를 끌어들여야 했다. 그러나 히데요시로서는 한편으로 그의 세력이 지나치게 커지는 것도 위험했다. 이에야스 견제를 위해 히데요시는 그를 교토에서 멀리 떨어진 오다와라(小田原)로 보냈다. 히데요시는 이에야스에게 오다와라성을 주면서 그곳에서 자리 잡기를 바랬지만 이에야스는 오다와라가 아닌 에도에 자리를 잡았다.

오다와라 주변에는 하코네(箱根)라고 하는 관광지가 있다. 이곳은 화산지역으로 오와쿠다니, 고와쿠다니라고 하는 산골짜기에 유황 연기가 피어오르는 곳이다. 이 온천물에 담근 달걀을 먹으면 7년씩 젊어진다고 한다. 근처에는 아시노코(芦ノ湖) 호수도 있어 유람선을 탈 수도 있다.

**그림 1.** 도쿠가와 이에야 **그림 2.** 도요토미 히데요시 **그림 3.** 오다와라성(小田原城)
스(https://yahoo.jp/Q0 (https://yahoo.jp/UnB12k) (https://yahoo.jp/uU9i-z)
GppO)

**그림 4.** 하코네 아시노코 호수(https://yahoo.jp/98F9T0)

**그림 5.** 하코네 오와쿠다니(https://yahoo.jp/ji7PeO)

**그림 6.** 검은 달걀(https://yahoo.jp/A-Q-Y)

　지금은 도쿄와 가까워서 많은 관광객이 찾는 관광지이지만, 당시만 해도 오다와라나 에도는 당시 권력의 중심지인 교토에서 한참 떨어진 오랑캐가 출몰하는 동북지역에 가까운 척박한 곳이었다. 그러나 이에야스는 자신을 교토에서 떨어진 곳으로 보내고자 하는 히데요시의 의중을 알면서도 묵묵히 이곳에 정착했고, 황무지에 가까웠던 간토지역을 손에 넣고 에도를 도시로 탈바꿈시키면서 재정적, 군사적 기반을 다졌다.

　이에야스는 히데요시의 조선정벌을 반대했다. 그럼에도 히데요시가 전쟁을 일으키자 그는 풍토병과 황무지 개간, 영지의 치안문제 등 온갖 변명을 들어 참전을 거부했다. 그리고 임진왜란에 참전하지 않은 덕분에 다른 유력 나이묘들이 군사를 잃고 막대한 비용을 소모하는 동안 그는

**그림 7.** 구로후네(黑船) 내항(https://yahoo. jp/Ij132w)

**그림 8.** 당시 흑선을 괴물로 묘사한 그림 (https://yahoo.jp/5SgC5Q)

군내를 온전히 보존하고 영지를 더욱 안정시킬 수 있었던 것이다. 과연 울지 않는 두견새를 울게 하기 위해 끝까지 기다린다는 이에야스의 인내가 승리할 수 있었던 것이다. 이에야스가 에도를 정비하고 힘을 키우자, 실권이 없고 의례적인 권위를 가지고 있던 왕실은 이에야스에게 '쇼군(將軍)'1)이라는 칭호를 부여하게 된다. 쇼군이 된 이에야스는 1603년 에도에 막부를 개설하게 된다.

### 개항을 둘러싼 막부와 조정의 갈등

다음으로 에도막부가 끝나고 수도가 도쿄로 바뀌게 되는 과정을 살펴보도록 하겠다. 1853년 미국의 페리 제독이 군함 4척을 이끌고 에도의 요코스카 우라가항(浦賀港)에 나타났다. 당시 도쿠가와 막부는 쇄국정책

---

1) '쇼군(將軍)'이란 천황의 명에 의해 나라를 다스리는 군사령관으로 인정받은 자를 칭하는 것이다. 중세 헤이안시대(平安時代, 794年~1185年)에 군대는 조정의 관리보다 세력을 확대하여 결국은 조정의 권력을 장악하게 되었다. 1192년 가마쿠라막부를 연 미나모토노 요리토모(源賴朝)가 조정으로부터 동북지역의 오랑캐를 방어하라는 뜻의 '정이대장군(征夷大將軍)'의 칭호를 받았다. '정이대장군'을 줄여 '쇼군(將軍)'이라 부른다.

**그림 9.** 미일화친조약 체결(https://yahoo.jp /zdh8Wi)

**그림 10.** 미일수호통상조약 체결(https:// yahoo.jp/DNiXOU)

을 고수하면서 서양 열강의 통상요구를 거부하고 있었다. 그러나 국제정세가 심상치 않게 돌아가는 것을 느낀 막부는 전쟁을 피하기 위해 페리의 요구를 수용하고자 했다. 하지만 조정과 다이묘들 사이에서는 서양세력을 쫓아내야 한다는 양이론(攘夷論)이 우세했다. 결국 1854년 페리가 요코하마에 재차 입항하자 막부는 요구를 수용하여 미일화친조약을 체결하고, 이어서 1858년에는 미일수호통상조약도 체결하기에 이른다.

미일화친조약의 내용은 시모다와 하코다테의 개항과 제한 무역의 허용, 미국에 대한 최혜국 조항 등이었다. 그러나 미국은 제한적 개방에 불만을 표하며 통상의 자유화를 주장했다. 이에 막부는 미일수호통상조약에서 개항장을 5개(요코하마, 하코다테, 니가타, 고베, 나가사키)로 늘리고 무역의 전면 자유화 및 외국인에 대한 영사재판권 인정과 같은 불평등한 내용으로 계약을 체결한다.

개항을 둘러싼 막부와 조정의 갈등은 1858년 조정의 '무오의 밀칙(무오년의 비밀 칙령)'이 막부를 통하지 않고 미토번(水戶藩)에 직접 하달되는 사건을 계기로 표면화된다. 이 일을 계기로 조정은 막부의 정치개혁과 양이를 실행할 것을 요구하고, 이에 막부는 군사력으로 반막부세력인 조슈(長州, 지금의 야마구치현) 정벌을 단행한다.

### 사카모토 료마와 삿쵸동맹

막부의 거듭되는 존왕양이파[2] 제거로
잠시 주춤했던 반막부운동은 조슈에 막부
를 타도하려는 도막파[3] 정권이 수립되면
서 다시 활기를 얻었다. 조슈의 도막파는
양이론을 포기하고 개국 노선을 취했으며
군사력 강화를 꾀했다. 1866년에는 사쓰마
(현 가고시마현) 조슈(현 야마구치현) 두
번이 동맹을 체결한 '삿쵸동맹'이 결성되
어 도막운동은 한층 힘을 얻었다. 이에 막
부는 이들의 위세에 두려움을 느껴 도사번
(시코쿠 코치현) 번사였던 사카모토 료마
의 중재로 도쿠가와씨 중심의 봉건연방제
를 실시하기로 하여 1867년 대정봉환을 단
행했다.

그림 11. 사카모토 료마(https:
//yahoo.jp/htqDa7)

사카모토 료마는 가쓰 가이슈의 개국론에 감화를 받아 그를 스승으로
모셨는데, 그는 대정봉환의 기초가 되는 <선중8책(船中八策)>을 집필했
다. <선중8책>이란 "정권을 조정에 반환하고 공의에 기초하여 의정국이
정무를 결정한다"는 취지의 내용으로, 이는 후에 대정봉환의 기초가 된다.

가쓰 가이슈(1823-1899)는 미일수호통상조약의 비준서를 교환하기 위

---

2) 천황을 옹립하고 서구 오랑캐를 척결하자는 생각을 가진 그룹
3) 막부를 타도하자는 그룹

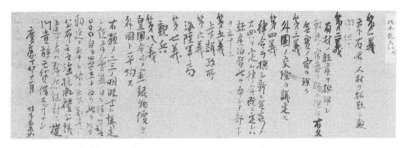

**그림 12.** 선중팔책(船中八策)(https://yahoo.jp/O5GTgp)

해 사절단을 이끌고 배의 선장으로 태평양을 횡단해 미국에 다녀오는데 성공한 공으로 1862년에 해군 요직인 군함봉행(軍艦奉行)이 된 인물이다. 왕정복고 쿠데타가 일어나자 막부는 그에게 협상의 실권을 넘겼다. 당시 그가 맡은 자리는 육군 총재였는데 그는 주전파의 반대를 무릅쓰고 전쟁을 피하는 데 총력을 기울였었다.

**그림 13.** 가쓰 가이슈(https://yahoo.jp/MV-Q-j)

사카모토 료마는 사쓰마번의 원조를 받아 나가사키의 가메야마에 가메야마(亀山) 조합이라는 무역회사를 설립했다. 그는 이 회사를 통해 사쓰마번 명의로 무기를 구입해 조슈번에 넘기고, 조슈번의 쌀을 사쓰마번에 공급하는 역할을 했다. 결국 이 회사를 통해 료마는 삿쵸동맹을 체결하는 데 큰 역할을 하게 된다.

**그림 14.** 가메야마 조합(https://yahoo.jp/wnI9LX)

## 2) 대정봉환(大政奉還)

### 대정위임론

대정봉환의 목적은 내전을 피하고 막부의 독재를 막아 도쿠가와 종가를 필두로 하는 제후들에 의한 정치체재를 수립하기 위한 것이다. 에도시대 도쿠가와막부는 일본의 통치자로 군림하고 있었지만, 형식적으로는 천황으로부터 정치의 대권을 위임받고 있다는 '대정위임론'이 널리 받아들여지고 있었다. 결국 1867년 11월 9일 도쿠가와막부 15대 쇼군 요시노부가 메이지천황에게 통치권을 반납하게 되는데, 이를 '대정봉환'이라고 한다.

**그림 15.** 교토의 니조성(二条城)에서 제후들과 대정봉환을 알리는 도쿠가와 요시노부(https://yahoo.jp/IJ2gnc)

메이지천황은 중세 이후 무사정권의 성립으로 실권이 없었던 천황의 권위를 되찾고자 했다. 이에 사쓰마, 조슈, 도사번 무사들을 중심으로 메이지천황을 강력한 군주의 이미지로 만들기 위한 노력이 시작됐고, 이것이 메이지유신으로 이어지게 된다.

**그림 16.** 메이지천황(https://yahoo.jp/coYv-U)

### 에도 개성 사이고 난슈, 가쓰 가이슈 회견비

미나토구 시바에 메이지 신정부군의 사이고 다카모리와 가쓰 카이슈가 회담했던 기념비가 있다. 이 비는 1868년 3월부터 4월에 걸쳐 야마오카 뎃슈의 알선에 의해 신정부군의 대총독부 참모인 사이고 다카모리와 옛 막부부 육군 총재 가쓰 가이슈의 회담에서 에도성의 무혈 개성이 결정되고, 에도성을 새 정부(메이지 정부)에 인도한 것을 기념해서 만든 것이다. 평화로운 정권 이양이 이뤄졌기 때문에 이를 '에도 무혈입성'이라고도 부른다.

1869년 신정부군이 막부 타도를 내걸고 에도를 총공격하기로 한 3월 15일에 앞서 3월 13, 14일 이틀 동안 가쓰 가이슈와 신정부 측의 총대장 사이고 다카모리의 협상으로 총공격이 중지되었다. 당시 에도의 인구가 100만 명 정도였고 막부의 저항군 병력도 만만치 않았던 점을 고려할 때, 만

**그림 17.** 에도 개성 사이고 난슈 가쓰 가이슈 회견비(https://yahoo.jp/YTLwrK)

약 전투가 일어났다면 대량의 인명 피해와 시설 파괴가 있었을지도 모른다. 가쓰 가이슈의 정치적 판단과 결단은 막부의 몰락을 가져왔지만 일본에게는 전쟁을 피할 수 있었던 기회로 평가된다.

도영 아사쿠사선 미타역 부근에 세워진 이 비는 사이고 다카모리(난슈)의 조카인 기치노스케가 세운 것이라고 한다. 비석 아래쪽의 부조(relief)에는 당시의 긴박했던 모습이 새겨져 있다. 또한 뒷면에는 전쟁을 막아 에도에 사는 백만 백성을 구한 것에 대한 감사의 뜻이 새겨져 있다.

가쓰 가이슈와 회담을 했던 사이고 다카모리(1828~1877)는 1827년 가고시마의 하급무사 집안에서 태어났다. 그는 키 180cm에 몸무게는 90kg에 달하는 거구였다고 한다. 그는 교토에 주둔하는 사쓰마 번(薩摩藩)의

**그림 18.** 비석 아래쪽 부조(https://yahoo.jp /CfocFV)

**그림 19.** 비석 아래쪽 설명(https://ya hoo.jp/sRoGWe)

**그림 20.** 사이고 다카모리 (https://yahoo.jp/w3XLV2)

군대 대장이 되는 등 젊은 시절부터 두각을 나타낸다. 1866년 사쓰마와 조슈의 비밀연합을 성사시킨 소수 지도자들 중의 한 사람이었으며 쇼군의 사퇴를 은밀하게 강요하여 1867년 11월 8일 이를 성사시킨 인물이기도 하다. 그러나 그는 정한론을 주장한 인물로 메이지 정부 수립에 공을 세웠지만 사무라이 계급이 몰락하자 신정부에 대한 반역을 일으켜 결국 자결로 생을 마친다.

## 메이지천황의 도쿄 황거 입성

1868년 11월 26일 메이지천황은 교토를 떠나 에도성(지금의 황거)에 입성한다. 황거는 도쿄역 앞쪽에 위치하고 있는데, 새해 벽두와 봄, 가을에는 일반인들에게 공개되기도 한다. 현재는 126대 나루히토천황이 즉위하고 있는데, 나루히토천황에게 아들이 없어 일본에서는 여성 천황제에 대한 논란도 거론되고 있는 상황이다. 현재로서는 나루히토천황의 동생 아키시노노미야에게 아들이 있어 동생의 아들이 황위를 이어야 한다는 주장이 우세하다.

그림 21. 황거(https://yahoo.jp/0E2-LJ)

그림 22. 황거 입구의 니주바시(二重橋)
(https://yahoo.jp/-XCdW8)

그림 23. 신년 일반 참가 행사에 참석한 아키
히토, 나루히토 천황과 천황비(https://ya
hoo.jp/21bP8W)

그림 24. 나루히토천황 부부와 아이코
(https://yahoo.jp/o7MDSI)

그림 25. 나루히토천황의 동생 아키시노노미
야 가족(https://yahoo.jp/DFn―Cf)

그림 26. 나루히토천황 즉위식(https://yah
oo.jp/Lr1F.mp)

### 3) 보신전쟁

#### 내전 발발

대정봉환을 계기로 사쓰마, 조슈 연합군은 '왕정복고 대호령'을 발표하여 도쿠가와 막부의 폐지와 신정부를 수립할 것을 선언한다. 그러자 1868년 이에 반발한 막부세력이 전쟁을 일으켜 일본 전토에서 내전이 발발한다. 이를 보신전쟁(戊辰戰爭)라 한다.

사쓰마와 조슈를 비롯한 반막부 세력은 도바, 후시미 전투를 서막으로 여러 전투에서 승리했고, 결국 에도까지 후퇴한 에도 막부의 마지막 쇼군인 도쿠가와 요시노부는 항복을 선언한다. 요시노부의 항복 선언에도 항전을 주장하는 막부파 잔당들은 정벌군에 대항했으나 결국 패배하고 말았다. 그러나 막부파의 해군들은 홋카이도에서 에조 공화국을 세우고, 에도 막부가 북방의 경비를 위해 하코다테에 설치한 고료카쿠에서 항거했으나 신정부군에게 패했다. 이 하코다테 결전을 마지막으로 보신전쟁은 종결된다.

내전에서 승리한 반막부 세력은 일본에서 외국인들을 추방시키고 과

**그림 27.** 보신전쟁(https://yahoo.jp/VJli5i)

**그림 28.** 홋카이도 하코다테의 고료가쿠(五稜郭)(https://yahoo.jp/qSHPuk)

거에 막부가 외국과 맺은 불평등 조약을 협상하려고 했으나 장기적인 근대화 정책을 채택하고 개국시키기 위하여 포기했다. 사이고 다카모리를 비롯한 신정부의 지도자들은 도쿠가와 막부의 충신들에게 관용을 베풀었고, 옛 막부의 지도자들에게 신정부의 책임 있는 직책을 수여했다. 보신전쟁을 마지막으로 막부체제는 완전히 붕괴되었다. 이로써 일본의 무사정권은 막을 내리게 된다.

## 2. 근대화의 초석이 된 메이지유신과 유신3걸

### 1) 일본의 근대화 메이지유신

메이지유신을 통해 일본은 근대화한다. 메이지정부는 에도를 도쿄로 개칭하고 교토에 있던 천황을 도쿄로 옮겨 새로운 수도로 삼는다. 또한 사쓰마, 조슈, 도사, 히젠의 번주들을 설득하여 토지와 이들의 권리를 조정에 반환하도록 하는 판적봉환(版籍奉還)과 같은 새로운 정책을 시행한다.

당시 일본에는 화족(華族, 다이묘와 같은 상류 귀족), 사족(士族, 무사 계급), 평민(농, 공, 상인)의 계급으로 나뉘었다. 이 중 화족은 5%밖에 되지 않았고, 나머지 93%는 평민이었다. 메이지 정부는 평민의 성씨 사용을 허가했고, 신분 간의 자유로운 결혼과 직업 선택이 가능하도록 했다. 또한 1871년에는 폐번치현(廃藩置県)[4]을 단행하여 전국을 중앙집권화했다.

메이지 정부는 또한 서구의 선진 제도와 문물을 시찰하기 위해 이와쿠라 사절단을 파견하기로 결정한다. 이와쿠라 도모미를 단장으로 하여 기

---

4) 지방 행정단위를 번(藩)을 없애고 현(県)을 설치

도 다카요시, 이토 히로부미, 오쿠보 도시미치와 같은 행정가들과 학자 48명, 60명의 유학생들이 파견되었다. 이들은 철도와 같은 기간시설을 비롯한 서양의 선진 문물을 일본에 적극 도입하도록 하여 메이지 정부의 서구화 정책에 큰 도움을 준다.

이와쿠라 사절단의 임무는 첫째, 미국과 영국, 그리고 유럽의 여러 나라들과 맺은 불평등조약에 대해 재협상하는 일, 둘째로는 교육, 과학기술, 문화, 군사, 사회와 경제 구조 등에 대한 정보를 수집하여 일본 근대화를 촉진하는 일이었다. 실제 첫 번째 임무 수행은 어려웠으나 둘째 임무는 매우 성공적이었다고 할 수 있다. 이로써 일본은 근대화에 박차를 가할 수 있었다.

서절단은 1872년 3월부터 1873년 6월까지 워싱턴, 런던, 파리, 브뤼셀, 헤이그, 베를린, 상트페테르부르크를 거쳐 코펜하겐, 스톡홀름, 로마, 빈 등을 시찰했다.

한편으로 메이지 정부는 1871년 단발령 공포하고 태양력을 채택하는 등 서구의

**그림 29.** 이와쿠라 사절단(https://yahoo.jp/Rej9jR)

제도를 적극적으로 받아들였다. 1872년에는 소학교, 중학교, 대학교, 사범학교 등의 제도를 설치하고 6세 이상 남녀의 소학교 진학을 의무화했다. 소학교는 '부국강병에 도움이 되는 국민 양성'을 목표로 하여 설립되었다. 또한 전국적인 우편제도를 정비하고 금, 은 본위의 태환지폐를 발행하는 등 근대적 화폐제도를 정비하기도 했다. 1872년에는 도쿄와 요코하마를 잇는 철도를 부설하는 등, 이와쿠라 사절단의 건의를 적극 수용

하여 서양의 문물과 기술을 적극적으로 도입하기에 이른다. 철도 노선을 확대하여 1910년 일본 철도 노선은 약 9,000km에 이르렀다고 한다.

**그림 30.** 1872년 신바시역 철도 개통(https://youtu.be/es8phW3-Yoc)

### 메이지천황과 헌법 공포

1881년 국회가 개설되고 입헌제를 도입하게 된다. 이와쿠라 사절단의 일원이었던 이토 히로부미는 철의 재상이라 불리던 독일의 비스마르크가 만든 독일식 헌법을 채택하여 메이지 헌번의 초안을 만들었다. 메이지 천황은 1889년 '대일본제국헌법(메이지헌법)'을 공포하는데, 이 헌법은 개인의 권리 보장보다는 국가권력 강화라는 정부 의도에 충실한 것이었다. 즉, 천황을 권력의 핵심 축으로 삼은 헌법이다. 대일본 제국 헌법에서는 천황을 신성한 원수로 규정하고, 주권이 천황에게 있음을 명시함으로써 국민들의 기본권을 제한했다.

대일본제국헌법은 7장 76조로 구성되었는데, 제일 먼저 등장하는 것이 천황과 관련한 다음과 같은 조항들이다.

**그림 31.** 1889년 헌법 발포식(https://yahoo.jp/zgVrbJ)

＜대일본제국헌법＞

제1장 천황 제1조 대일본제국은 만세일계의 천황이 이를 통치한다.

제2조 황위는 황실전범이 규정하는 바에 따라 황남 자손이 이를 계승한다.

제3조 천황은 신성하여 침해하여서는 안 된다.

제4조 천황은 국가의 원수로서 통치권을 총람하고, 이 헌법의 조항에 따라 이를 행한다.

제11조 천황은 육해군을 통수한다.

제13조 천황은 전쟁을 선언하고, 강화하며 제반 조약을 체결한다.

제14조 ① 천황은 계엄을 선포한다.

　　　　② 계엄의 요건 및 효력은 법률로 정한다.

　결국 이러한 천황 중심의 헌법으로 인해 일본은 잘못된 제국주의의 길을 걷게 되는 것이다.


## 2) 유신3걸

　메이지유신에 큰 영향을 미친 인물 세 사람을 '유신3걸'이라 부른다. 사이고 다카모리, 오쿠보 도시미치, 기도 다카요시로, 이들은 모두 사쓰마, 조수번 출신이었다.


### 사이고 다카모리(1828년~1877년)

　사이고 다카모리는 1827년 가고시마의 하급무사 집안에서 태어났다. 그는 일찍이 교토에 주둔하는 사쓰마 번(薩摩藩)의 군대 대장이 되는 등 두각을 나타냈다. 그리고 1866년 사쓰마와 조슈의 비밀연합(삿쵸동맹)을 성사시킨 소수 지도자들 중의 한 사람이었으며, 쇼군의 사퇴를 은밀하게 강요하여 1867년 11월 8일 이를 성사시켰다. 1868년 천황 지지파(사쓰마, 조슈 번 무사들)와 막부군 사이에 내전이 발발했을 때도 그는

**그림 32.** 유신3걸(https://yahoo.jp/kUa2EN)

왕군의 참모장 자격으로 에도 함락작전을 성공적으로 수행했다. 1869년 왕정복고가 성사되고 다카모리는 새로운 정부에 참여하지 않으려고 했지만 여러 차례 설득 끝에 1만 명의 병력으로 창설된 왕실 근위군의 사령관 근위도독(近衛都督)에 임명되었다.

그는 사무라이 계급의 활성화와 국민 개병제와 같은 제도 개혁을 주장했던 인물이었는데, 우리에게는 정한론을 주장한 인물로 더 유명하다. 조선은 당시 메이지 정부를 인정하지 않았고 일본의 사절단을 3번이나 물리쳤다. 그러자 그는 '내란을 바라는 마음을 바깥으로 돌려서 국가를 흥하게 하는 향후 전략'이라며,

**그림 33.** 우에노공원에 있는 사이고 다카모리 동상(https://yahoo.jp/-iq0Uo)

**그림 34.** 강경파 정한론자 사이고 다카모리 (https://youtu.be/MkWs-AiaLXc)

자신이 메이지 천황의 사신으로 가서 무례하게 굴어 피살당하도록 해서
그걸 빌미로 조선을 치자는 계획을 세웠다. 그러나 오쿠보 도시미치, 기
도 다카요시와 같은 이와쿠라 사절단 멤버들은 일본은 해외 원정보다는
국내를 발전시키는 것이 우선이라는 반대의 뜻을 표명하여 사이고 다카
모리와 당시 메이지 유신을 이끌었던 다른 사람들과의 갈등이 극심했고,
이로 인해 세이난전쟁이 시작된다.

### 세이난 전쟁 발발

1873년 정한론에서 패배한 사이고는 정계를 떠나 가고시마에 사학교
(私學校)를 설립해 규슈 각지의 사족 자제를 다수 양성했다. 그는 신정
부의 무사층 해체 정책에 불만을 품고 있던 전국의 사족층 사이에 절대
적인 명성을 얻고 있었다. 당시 가고시마는 반정부운동의 최대 거점이었
다. 정부측은 이러한 가고시마의 반정부 동향을 경계하여 가고시마에 있
던 정부의 무기와 탄약을 오사카로 옮기고자 했다. 이것이 사학교측을
자극함으로써 이들은 정부가 사이고 암살과 사학교 탄압을 기도하는 것
으로 단정하고 군사를 일으켰다. 그러나 다바루자카(田原坂) 전투에서
관군에 패한 사이고 다카모리는 1877년 9월 시로야마(城山)에서 관군의

**그림 35.** 사이고 다카모리의 사학교
(https://yahoo.jp/3eXUaXr)

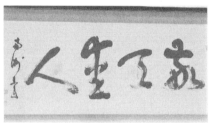

**그림 36.** 사이고 다카모리가 쓴 '경천애인(敬天
愛人)'(https://yahoo.jp/sc2olR)

그림 37. 세이난전쟁(https://yahoo.jp/Xd-zZP)

그림 38. 세이난전쟁 총격전 흔적(https://yahoo.jp/tPQyUy)

그림 39. 사이고 다카모리가 생을 마친 곳 (https://yahoo.jp/Im5bgV)

총공세 속에 간부들과 함께 자결했다.

세이난 전쟁은 메이지 신정부에 대한 최대이자 최후의 반란으로 신정부에 대한 단순한 무력 저항이 불가능하다는 것이 명확해짐으로써 언론에 의한 반정부운동이 전개되는 계기가 되었다. 정부군이 하루 평균 탄약 32만 2,000발, 포탄 1,000여 발을 소비한 이 전쟁은 일본 경제에도 지대한 영향을 미쳤다. 연간 세수가 4,800만 엔인 상황에서 4,100만 엔이 투입된 세이난 전쟁 비용을 충당하기 위해 일본은 세금을 올리고 종이돈을 마구 찍어댔다. 결국 필연적으로 발생한 인플레이션은 일본에 양극화의 결과를 낳았다.

**그림 40.** 프랑스 '르 몽드'지에 그려진 사이고 다카모리 군대(1877년)(https://yahoo.jp/TpQVf8i)

## 라스트 사무라이

사이고 다카모리가 태어난 가고시마는 말할 것도 없고 일본에서 그는 '마지막 사무라이'로서 인기를 누리고 있다. 가고시마에는 그를 본뜬 인형이 인기를 끌고 있고 텔레비전 드라마로 제작되기도 한다. 헐리우드에서도 그를 모델로 한 영화 '라스트 사무라이'를 만들기도 했다.

라스트 사무라이는 남북전쟁에서 공을 세운 올 그런 대령이 주인공으로, 전쟁이 없어 무의미한 삶을 살던 그가 사무라이 대장 가쓰모토를

**그림 41.** 사이고 다카모리 인형(https://youtu.be/MkWs-AiaLXc)

**그림 42.** (https://movie.daum.net/moviedb/main?movieId=37476)

만나면서 그들의 문화에 점차 감화되어 가고 마침내 그들과 함께 싸운다
는 내용이다.

마지막에 관군과 대립하던 가쓰모토는 천황에게 단검을 바치려다 감
금당하고, 올그런과 가쓰모토의 아들 노부타다가 가쓰모토를 구하러 가
지만 노부타다는 천황 앞에서 자결하고 만다. 서양인들의 일본 문화, 특
히 무사 문화에 대한 환상을 보여주는 영화라 하겠다.

### 오쿠보 도시미치(1830~1878)

오쿠보 도시미치는 도막 운동(막부 타도 운동)과 메이지 유신을 주도
한 인물이다. 그는 메이지 신정부에서 개혁을 주도하며 근대 일본의 관
료 시스템을 구축했고, 제45, 48, 49, 50, 51대 내각총리대신으로 일본
역사상 장기 집권한 총리대신 중의 하나인 요시다 시게루, 아소 타로와
친척관계에 있는 인물이기도 하다.

오쿠보 도시미치는 1830년 사쓰마번 가고시마에서 중급 무사인 오쿠
보 도시요의 1남 4녀 중 장남으로 태어났다. 양명학을 공부한 그의 아버
지는 호방한 인품으로 봉건적 신분 제도가 엄격했던 당시 신분을 가리지
않고 농민이나 하층민과 어울리는 인물이었고, 할아버지는 명망 있는 난
학자로 오쿠보에게 해외 각국에 대한 이야기를 들려주곤 했다고 한다.
아버지와 할아버지로부터 학문을 배운 오쿠보는 17세 때 사쓰마 번의
서기 보좌로 등용되었다.

당시 막부는 조슈번에 참근교대5)를 수행하라는 압력을 넣는 등 막부
체제를 재건하기 위해 노력했었는데 조슈번이 이를 거부하자 막부는 조

---

5) 각 번의 다이묘를 정기적으로 에도를 오고 가게 함으로써 각 번에 재정적 부담
   을 가하기 위한 에도막부의 제도

슈 정벌을 결심했다. 그러자 오쿠보는 유배되었던 사이고 다카모리를 복
귀시키고 전국의 번에 막부의 부당한 개입을 설파했다. 얼마 후에는 사
쓰마번의 군사적 우위를 깨닫고 막부 타도로 노선을 변경한다. 막부가
조슈 정벌을 기도하는 사이 오쿠보는 1866년 조슈와 비밀리에 협약을
맺고 사쓰마 번의 군대를 근대화하는 작업에 착수한다. 1867년 대정봉환
과 왕정복고가 이루어졌고, 이듬해에 조슈와 사쓰마 군대가 교토의 황궁
을 장악하여 이듬해 에도 막부는 무너지게 되었다. 이와 같이 오쿠보
도시미치는 사이고 다카모리와 더불어 메이지 정부의 왕정복고에 큰 공
을 세운 인물이다.

　메이지 정부 출범 이후 오쿠보는 이와쿠라 도모미를 전권대사로 하는
이와쿠라 사절단을 조직하고, 자신은 전권부대사로 1년 반 정도 미국과
유럽 각지를 둘러보았다. 귀국한 후 그는 정한론을 주장하는 사이고 다
카모리에 반대하며 대외 원정보다는 국내 안정이 우선이라고 주장했다.

　그는 독일의 관료제도를 도입한 부국강병책을 시행했고, 산업화의 후
발주자인 독일이 비스마르크라는 강력한 1인 정권 아래 관 주도로 산업
육성책을 실시하여 빠르게 성장한 데 큰 인상을 받고 이를 일본 근대화
의 모델로 삼았다. 군대의 근대
화를 추진하고 관료를 양성했
을 뿐 아니라 기술학교를 설립
하고 국채를 승인하거나 정부
주도하의 산업 육성 등 근대화
와 경제 발전을 가속화시킨 인
물이다.

　정한론으로 갈등을 빚던 사
이고 다카모리가 세이난 전쟁

**그림 43.** 이토 히로부
미(https://yahoo.jp
/X8VcIB)

**그림 44.** 야마가타 아
리토모(https://yahoo.
jp/mjrvil)

을 일으키자 그는 6만에 달하는 군대를 이끌고 직접 진압에 나섰다. 그러나 1878년 49세의 나이로 세이난 전쟁에 참여했던 사족인 시마다 이치로 등에게 암살당하게 된다. 그는 일본 근대국가 수립에 큰 공을 세운 인물로, 그가 수립한 관료 제도는 이토 히로부미와 야마가타 아리토모 등에 의해 완성되어 관료 주도형 일본이라는 국가 체제를 형성하게 된다.

## 기도 다카요시(1833년~1877년)

기도 다카요시는 264년간 지속된 도쿠가와 막부를 종식시키고 왕정을 복고한 메이지 유신의 지도적 인물이다. 그는 조슈번의 대표로서 사쓰마번의 급진적 무사들과의 연합을 비밀리에 협의했다. 이때 자리를 함께 했던 사쓰마번의 오쿠보 도시미치, 사이고 다카모리와 함께 '유신 3걸'이라 불렸으며 이들이 뒤에 막부를 타도하고 왕정복고를 이룩한 혁명을 지도한 인물이다.

그는 유신을 이끈 인물들을 다수 배출했던 요시다 쇼인의 사숙(私塾) '쇼카손주쿠(松下村塾)'의 고장인 야마구치현 하기(萩) 출신이다. 하기 시에 있는 그의 집 대들보에는 '사이후이死而後已)'라는 글자가 적혀 있다. 사이후이란 <논어>의 '태백' 편에 나오는 것으로, '국궁진췌 사이후이'(麴窮盡膵 死而後已), 즉 '몸을 굽혀 모든 힘을 다하며 죽은 후에야 그만둔다'라는 비장한 표현이다. 이것이 유명해진 것은 제갈량이 유비의 아들 유선에게 올린 <후출사표> 때문인데, "죽어서야 멈출 길이니 이 또한 멀지 아니한가"(死而後已 不亦遠乎)"라는 상소문에서 제갈량은 위나라를 멸망시켜 천하를 통일하겠다는 각오를 나타냈다. 이후로 중국의 지도자들은 '국궁진췌 사이후이'의 여덟 글자를 즐겨 사용했다. 마오쩌둥은 1956년 11월 12일 쑨원 탄생 90돌을 기념하여 쓴 '손중산 선생을 기념하다'라는 글에서 쑨원을 중국을 개조, 변화시키기 위해 평생을 바친 '진정한 국궁진체 사이후이의 인물'로 높이 평가했다. 주은래 전 총리도 이 말을 평생 좌우명으로 삼았다고 한다.

'죽어야 그친다'는 것은 다시 말해 목숨을 건다는 뜻이다. 19세기 말 격동의 일본에서 목숨을 걸고 나라를 지키고자 한 기도 다카요시의 의지를 볼 수 있는 문구라 하겠다.

그림 45. 쇼카손주쿠(松下村塾)(https://ya hoo.jp/Kx1wD7)    그림 46. 하기시의 기도 다카요시 저택 (https://yahoo.jp/mUnCR7)

## 3. 메이지천황의 신격화와 메이지신궁

### 1) 메이지천황을 신격화하기 위한 메이지 신궁

#### 메이지천황의 신격화

메이지 정부는 메이지천황을 신격화하기 위해 천황을 중심으로 하는 제국주의 헌법을 제정하고 국민교육을 위해 초등학교 교과서에 첫 페이지에 '천황폐하 만세'라는 내용과 천황 부부의 그림을 실었다. 1890년(메이지 23년)에는 충과 효를 중심사상으로 하는 교육칙어(敎育勅語)를 공표하여 국민생활의 모든 것을 국가주의로 집약시켰다. 문부성에서는 이를 전국 학교에 배포하여 의식 때에는 반드시 칙어를 낭독하고 학생들에게는 암기하도록 강요하였다.

메이지천황은 천황의 권위를 회복하기 위해 전국 순행을 했고, 천황이 다녀간 곳은 모두 성역화되기에 이르렀다. 나가노현 난조초등학교의 니카조 교장은 학교 건물에 화재가 나자 천황의 초상화를 보호하기 위해 불에 뛰어들기도 했다.

**그림 47.** 메이지천황(https://yahoo.jp/huJOyL)

### 기미가요 제창 반대 운동

메이지 정부는 천황을 기리기 위해 '기미가요'를 국가로 제창하도록 했다. 그리고 1893년부터는 전국 초등학교에 악보를 보내 행사가 있을 때 국가로 부르도록 했다. 기미가요 제창에 대한 반대의견을 가진 사람들은 꾸준히 목소리를 내고 있는데, 이들의 주장은 기미가요가 근대 초기 대일본제국헌법에 기초한 천황을 칭송하는 내용으로 되어 있다는 점과, 그러한 천황 숭배 사상이 태평양전쟁으로까지 이어졌기 때문에 강제하는 것은 옳지 않다는 것이다. 이런 주장을 주도하는 사람들은 일본 교직원연합이다. 그 때문에 지금 일본에서는 기미가요를 교육 현장에서 제창하도록 강제하는 것에 대한 반발도 상당하다.

1998년부터 문부성의 지시로 각급 학교에서 일장기를 게양하고 기미가요를 제창하도록 강제했다. 그러자 일본 교직원연합회에서는 헌법이 보장하는 사상과 양심의 자유에 반한다고 국기 게양과 국가 제창을 하지 않겠다고 한다. 이듬해 히로시마현립 세라 고등학교에서는 문부성의 지침과 연합회 소속 교직원 사이에서 힘들어하던 교장이 자살하는 사건이 일어났다. 그러자 문부성은 국가 제창이나 국기 게양이 강제 사항은 아니라고 발표했고, 이에 일교조(일본교직원노동조합)측은 실제로는 법에 근거한 강제가 교육 현장에서 이루어지고 있다고 지적하면서 국기 계양과 국가 제창을 둘러싸고 보수 세력과의 대립이 이어지고 있다. 태평양전쟁 당시 연합군과의 전쟁으로 가장 피해가 컸던 오키나와에서는 특히 국가 제창, 국기 계양에 반대가 크다.

2011년에는 도쿄의 교원 약 170명이 '입학식 등에서 국가 제창을 할 때 기립을 하도록 하거나 반주를 하도록 명령하는 교장의 직무명령에 따르지 않아 받은 징계 처분을 취소해 달라'는 소송을 제기했다. 이에 대해 최고 재판소는 이 징계는 일본 헌법에 위반하지 않는다고 하면서도 감봉이나 정직은 과하다는 판단을 내린다. 하지만 소수의견으로 이들의 행위가 징계 처분 대상이 아니라는 의견도 있어 주목할 만하다. 그 근거로는 이들이 '히노마루(국기)나 기미가요(국가)가 군국주의가 천황 절대주의의 상징이라 생각하고 있고, 그들은 그것을 마음속에 깊이 새기면서 그것이 인격적 아이덴티티로 형성되어 사상이나 양심으로 승화되어 있기 때문'이라 하고 있다. 이 판결의 일부분을 소개하고자 한다.

〈기미가요 제창 시 기립하지 않는 등의 이유로 한 징계 처분 취소 소송에 대한 최고재판소 판결 소수의견 중 일부〉

지금까지 인권의 존중이나 자주적으로 사고하는 것을 중시하도록 강조하는 교육 실천을 계속해 온 교육자로서 그 정신이라고 할 수 있는 교육상의 신념을 부정하는 태도에 대해 고민했기 때문이라고 생각된다. 소수라고는 해도 이런 사람들이 우리가 자칫 잊기 쉬운 역사적, 근원적 문제를 사회에 던질 수 있는 것이다. (중략)

첫째, 상고인(上告人)들이 히노마루를 향해 기립하고 기미가요를 제창하는 행위는 관례상 의례적인 것이 아니라 상고인들 자신의 역사관 내지 세계관에 있어서도 양보할 수 없는 일선을 넘는 행위이고, 상고인들의 사상 및 양심의 핵심을 동요하게 하는 것이기 때문이라 생각된다.

둘째로, 그렇게 진실한 행동이라면 본 건 각 직무명령에 굴복하지 않고 기립하지 않고 제창하지 않는 행위는 상고인들의 사상 및 양심의 핵심의 표출이라 생각할 수 있고, 적어도 그것과 밀접하게 관련이 있다고 볼 수 있다. 상고인들은 도쿄 도립 고등학교 교직원이기 때문에 교과교육으로서 생도에 대해 국기 및 국가에 대해 교육하는 경우도 있을 것이다. 그런 경우에는 교사로서의 전문적 재량 하에 직무를 적절하게 수행해야 한다. 그러나 그 이상으로 생도에 대해 직접적으로 교육하는 장을 떠난 경우에는(졸업식이나 입학식도 그 중 하나라 할 수 있다.) 자신들의 사상 및 양심의 핵심에 반하는 행위를 요구받는 일은 없어야 할 것이다. 또한 음악 교사가 식에서 기미가요 제창의 피아노 반주를 하도록 요구받는 경우에도 마찬가지로 생각할 수 있다.

최고재판소 재판관들의 소수의견이긴 하지만 일본에서도 이런 올바른 역사관을 가진 사람들이 있다는 것을 보여주는 판결문이라 하겠다. 일본 교직원노동조합 역시 꾸준히 일본 정부에 대해 비판적인 목소리를 내온 단체이다. 이들은 국기 게양이나 국가 제창의 문제를 일본의 전쟁 책임, 또 태평양전쟁에서의 천황의 책임과 관련된 문제로 인식하고 있다. 교사로서 학생들에게 올바른 역사관과 국가관을 심어줘야 한다는 생각에서

**그림 48.** 전국 초등학교에 배포된 기미가요 악보(1893년)(https://youtu.be/3Jfer03Jtn0)

**그림 49.** 기미가요 제창 반대 시위 (https://youtu.be/3Jfer03Jtn0)

시작된 국기 게양, 국가 제창 거부 문제(기립 거부 문제도 포함해서)는
현재 진행형이다.


## 2) 메이지신궁
### 위치와 기능

메이지신궁은 도쿄 시부야구에 위치한 신사로, 메이지천황과 그의 아
내 쇼켄황후를 모신 곳이다. 1912년 메이지 천황이, 그리고 2년 뒤인 1914
년에 쇼켄황후가 각각 사망하자 격동이 일본 근대사의 상징인 두 인물을
추모하기 위해 건설한 곳이다. 이곳은 내원(内苑)과 외원(外苑)으로 구분
되고, 메이지 성덕기념회관에는 역대 천황에 관해 전시하고 있다.

안쪽에는 신궁단지가 위치하고 있는데, 메이지신궁은 70만 평방미터
의 숲 속에 있다. 이 지역은 일본 전역에서 신사를 세우기 위해 기증된
나무 외에 일본의 식민지 지배를 받던 조선, 대만에서 가져온 365종 12
만 그루의 나무를 계획적으로 심었다. 그리고 이 곳의 숲은 도심부의
귀중한 녹지로 많은 사람들의 휴식처가 되고 있다. 이곳은 인공림이 의

**그림 50.** 메이지신궁(https://yahoo.jp/YVwLiT)

**그림 51.** 쇼켄황후(https://yahoo.jp/XPcA4c)

도적으로 자연림화된 것으로서도 주목받고 있다. 인위적인 손질을 하지 않은 결과 2019년 시점의 수목 수는 약 3만 6천 그루로 줄고, 나무들은 점차 거목으로 변화하고 있다.

신궁단지는 내원(內苑)과 외원(外苑)으로 구분되어 있

그림 52. 메이지신궁(https://yahoo.jp/7VSPyP)

그림 53. 요요기 국립 경기장(https://yahoo.jp/E4kYqm)

그림 54. 요요기 경기장(https://yahoo.jp/vbFvLJ)

그림 55. 보물관(https://yahoo.jp/q3if6o)

그림 56. 신전(神前) 결혼식(메이지기념관)(https://yahoo.jp/4zreXl)

는데, 이 중 내원은 신궁의 중심으로 천황과 황후의 유물을 모아 놓은 보물관이 있다. 외원은 신궁의 외부로 천황과 황후의 삶을 그린 80여 개의 벽화를 소장한 기념 미술관과 1964년 도쿄 올림픽을 기념해 만든 요요기국립경기장을 포함한 다양한 스포츠 시설이 있다. 또한 19세기 후반 회의 장소로 사용되어 메이지 헌법 초안과 관련된 토론이 있었던 메이지 기념관이 있다. 원래는 헌법기념관이었는데, 1947년 메이지 기념관으로 이름을 바꾸었다. 요즘은 전통 혼례식을 위해 사용되기도 한다.

### 다양한 행사

메이지신궁에서는 다양한 행사가 열리는데, 대표적인 행사로는 정월

**그림 57.** 하쓰모데(https://yahoo.jp/yF-bKN)

**그림 58.** 스모 봉납(https://yahoo.jp/h1N50mR)

**그림 59.** 야부사메(무도 봉납) (https://yahoo.jp/B4zqBw)

**그림 60.** 가을 대제에서 화승총 발사 봉납 행사

초하루의 하쓰모데[6]가 있다. 이때는 전국에서 가장 많은 참배객(약 300만 명)이 모인다. 그 외에도 스모 봉납, 무도 봉납 등 다양한 행사가 진행된다.

메이지신궁의 정원 또한 유명한데, 이곳은 에도시대부터 다이묘의 정원으로 사용되었다. 6월에는 창포 꽃이 만개하여 일반 관람객이 많이 찾는 곳이다.

**그림 61.** 메이지신궁의 창포
(https://yahoo.jp/YU9M-g)

### 외국 정상들의 신사 참배

메이지신궁은 외국 귀빈들이 일본을 방문할 때 공식적으로 참배하는 곳으로도 유명하다. 1938년 동맹국 원수로서 히틀러가 참배하기도 했고, 2002년 조시 W. 부시 미국 대통령이 메이지 신궁을 참배했다. 부시 대통령은 원래 야스쿠니신사를 참배하려고 했으나 주변국의 반발을 우려해서 메이지신궁으로 변경했다고 한다. 2014년에는 오바마 대통령이 방문했고, 캐나다의 트뤼도 총리가 방문하기도 했다.

이들이 메이지신궁을 방문하는 이유는 국빈으로서 일본의 3대 신사(나고야 아쓰다신궁, 미에현 이세신궁, 미야자키 우사신궁)중 하나를 방문해야 하는데, 외국 정상이 신사 참배만을 위해 일본의 3대 신사에 다녀오기에는 일정상 무리가 있다. 따라서 도쿄에 있는 메이지신궁을 참배하게 된 것이다.

---

6) 새해 처음으로 신사나 절에 참배하는 것

그림 62. 1938년 메이지신궁을 방문한 히틀러 　그림 63. 메이지신궁을 방문한 히틀러 유겐
(https://yahoo.jp/iDvDkU)　　　　　　트(https://yahoo.jp/Jekebr)

그림 64. 오바마대통령 방문(https://　그림 65. 캐나다 총리 방문(https://yahoo.jp/
yahoo.jp/x4wm5B)　　　　　　　　3wBCIM)

제3장

# 도쿄의 문화와 예술

# 1. 도심 내 녹색 공간 사쓰마의 길과 친잔소

## 1) 역사를 담은 건축물

메이지 시대는 건축 분야에서도 서구의 진보적 건축문화를 도입하는
데 주저함이 없었다. 심지어 유럽의 건축기술 도입을 위해 관청 관계의
건물을 석조나 벽돌조의 서양식 건물을 짓도록 권고할 정도였다. 도쿄역이
나 일본은행 본점 같은 건물들은 유럽식 건축기술로 지어진 건물들이다.

**그림 1.** 도쿄역(https://yahoo.jp/K3R9EP) **그림 2.** 일본은행 본점(https://yahoo.jp/
FHzOA1)

정원 역시 이러한 서양 건축에 어울리는 서양식 정원이 유행하는 경향
을 띠었다. 그러나 서양 문화의 급진적인 도입은 일본의 전통문화를 밀
어내는 풍조를 촉발해 일본의 전통문화가 경시되는 시대상을 보이기도
했다. 일본의 건축계와 조경계의 지식인들은 이렇게 서양화되는 분위기
속에서도 일본의 전통건축과 전통 정원을 지키고 계승해야 한다는 생각
을 견지했다. 그래서 건축과 정원의 조영에서 일본적 전통을 지키고자
하는 노력이 새로이 시도되었다. 지금 도쿄에 남아 있는 지역 번주나
다이묘들의 저택들은 그러한 노력으로 남아 있는 것으로, 이들 저택이
지금은 일본식 정원을 조성한 호텔이나 결혼식장으로 이용되는 경우가

많다.

**그림 3.** 고이시카와 고라쿠엔(後楽園)  (https://yahoo.jp/Aynl9C)

**그림 4.** 친잔소(椿山莊)(https://yahoo.jp/VO Nh6)

### 시바 사쓰마의 길

도쿄역 근처에는 '시바 사쓰마의 길'이란 곳이 있다. 동서 약 800m, 남북 약 300m 되는 이곳은 사쓰마 번사들의 저택이 있던 곳이다. 이곳에 사쓰마 번사들의 저택이 있는 이유는 도쿠가와 이에야스의 참근교대 정책 때문이다. 참근교대는 각 번의 다이묘를 정기적으로 에도를 오고 가게 함으로써 각 번에 재정적 부담을 가하고 그들을 볼모로 잡아두기 위

**그림 5.** 시바 사쓰마의 길 (https://yahoo.jp/nYuBhU)

**그림 6.** 사쓰마저택 터 (https://yahoo.jp/3tx hQl)

**그림 7.** 에도 개성 사이고 난슈 가쓰 가이슈 회견 비(https:// yahoo.jp/YTLwrK)

한 제도로, 이 제도로 인해 각 번은 도쿠가와가에 반기를 들기가 매우 힘들어 도쿠가와 가문은 15대에 걸쳐 번영을 누릴 수 있었다. 이 길 중앙에는 에도 무혈 개성을 이룬 사쓰마 출신 번사 사이고 다카모리와 가쓰 가이슈의 회담을 기념한 기념비가 위치해 있다.

막부 말기 사쓰마번의 권세와 역할은 상당했다. 군사력에 있어서도 에도막부가 총력을 기울여서 저항해도 당할 수 없는 정도였다. 또한 에도에 상당한 저택과 땅을 가지고 있었다. 여기에는 사쓰마번의 번주인 시마즈씨의 돌파력과 저력이 있었기 때문이다. 사쓰마번은 조슈번(현재의 야마구치현)과 함께 막부를 무너뜨리고 메이지정부를 수립하는 데에 상당한 기여를 했다. 사쿠라지마 기슭에서 오랫동안 생활하면서 다져진 인고의 세월이 이들 행동의 폭발력을 키운 것인지도 모르겠다.

**그림 8.** 사쓰마의 길 유리 조형물(https://yahoo.jp/W8j2tj)

현재 사쓰마저택 터를 중심으로 길이 약 150m, 폭 약 30m 되는 길 양쪽에는 저택이 있을 당시 심었던 가시나무 가로수가 심어져 있다. 여기에는 발굴 당시 채취한 석재를 사용한 오브제나 당시의 우물을 이미지화한 분수 등을 만들어 당시의 역사적 모습을 재현하고 있다. 또 유리 조형물에 저택의 도면을 넣거나 하여 역사와 어우러진 예술 공간으로 조성되어 있다.

사쓰마 번사들의 저택이었던 곳은 그 후 역사의 소용돌이 속에서 다양한 역할을 수행했다. 근대 초기 대외 외교정책을 수행하기 위한 공간이 되었던 로쿠메이칸(鹿鳴館), 사이고 다카모리와 가쓰 가이슈의 회담이 이루어졌던 다카나와 저택 등 근대사에 큰 역할을 한 공간들이 바로 그 것이다.

그림 9의 ①~⑤까지가 사쓰마 저택들이다. ①번은 시바의 가미 야시키 (上屋敷, 가장 신분이 높은 번사가 거주했던 곳)로, 막부 말 에도막부는 이곳을 공격했다. ②번은 나카 야시키(中屋敷, 중간 신분의 번사가 거주 했던 곳)로, 메이지 행정부가 1883년 외빈이나 외교관을 접대하고 숙박

**그림 9.** 사쓰마 저택 분포도(https://ameblo.jp/shisekifun/ entry-12549247477.html)

**그림 10.** 시나가와 프린스호텔(https://ya hoo.jp/R_WyXM)

**그림 11.** 핫포엔(https://yahoo.jp/WiENaL)

하게 하고자 2층 규모로 건축한 사교장 로쿠메이칸이 있던 곳이다.

③~⑤번은 시모 야시키(下屋敷, 신분이 낮은 번사가 거주했던 곳)이다. ③번은 현재는 시나가와 프린스호텔이 되어 있는데, 이곳은 사이고 다카모리와 가쓰 가이슈의 에도성 무혈 개성을 위한 첫 번째 회담이 이루어진 곳이다. ④번은 핫포엔(八芳園)이라고 하는 요정이고, ⑤번은 황족인 히타치노미야의 저택으로 사용되던 곳이다.

### 핫포엔

핫포엔(八芳園)은 사쓰마번의 시마즈씨 저택을 1915년 실업가 히사하라 보노스케가 현재의 건물과 정원으로 정비한 곳이다. 내평양전쟁 후 긴자나 쓰키지에서 요정을 운영한 경험이 있는 나가타니를 영입해 해외

**그림 12.** 핫포엔(https://yahoo.jp/b1epZz)

**그림 13.** 핫포엔 결혼식장(https://yahoo.jp/HuoZdc)

**그림 14.** 핫포엔(https://yahoo.jp/b1epZz)

**그림 15.** 핫포엔 온천 여관(https://yahoo.jp/Xuk5hF)

에서 오는 귀빈을 위해 일본 정원을 조성한 본격적인 요정으로 운영하며 '핫포엔'이라 이름을 지었다. 현재 핫포엔은 12,000평 부지에 온천 여관과 정원이 있는 레스토랑, 결혼식장을 운영하고 있다. 핫포엔이란 '사방 팔방 어디를 봐도 아름답다'는 뜻이다.

### 로쿠메이칸(鹿鳴館)

사쓰마번의 시마즈 가문 저택 중 역사적으로 가장 이름을 날린 건물은 로쿠메이칸이다. 이곳은 옛 에도성 바로 옆, 지금의 히비야공원 동쪽 미즈호 은행 북쪽에 위치해 있었다. 이 저택을 '소조쿠(裝束) 저택(옷매무새 저택)'이라 부르는데, 류큐의 사절단이 에도성에 오르기 전에 여기에서 옷매무새를 다시 정비했다고 하는 데서 유래한다. 이곳에 메이지시대에 로쿠메이칸이 세워진다.

로쿠메이칸은 일본에 있어 최초의 서구문화를 상징한다. 이곳은 메이지 행정부가 외빈이나 외교관을 접대하고 숙박하게 하고자 1883년 도쿄에 2층 규모로 건축한 사교장이다. '로쿠메이'(鹿鳴)란 『시경』의

**그림 16.** 로쿠메이칸(https://yahoo.jp/MCYbrb)

「녹명의 시」에서 유래하는 것으로, 연회에서 손님을 대접할 때의 시나 음악을 뜻한다. 혹은 당나라 때 주나 현의 관리 등용시험에 합격한 사람을 도읍으로 보낼 때 여는 송별연을 뜻하기도 한다. 로쿠메이칸이 존속된 시기는 4년으로 짧았지만, 당시 일본의 많은 상류층에게는 연회와 무도회로써 서양 문화를 처음 접하는 계기가 되었다.

로쿠메이칸은 외무대신 이노우에 가오루(井上馨)가 외빈을 접대하기

위해 마련한 저택으로 영국인 건축가 조시아 콘도르(Josiah Conder)에게 의뢰해 설계했다. 당시 일본 제국의 외교상 과제는 불평등조약 개정 교섭으로 특히 외국인을 대상으로 한 치외법권을 철폐하는 것이었다.

당시 일본에 거주하는 외국인들 중 상당수는 몇 년 전까지 시행되던 책형(磔刑)이나 참형(斬刑)을 실제로 목격해, 외국 행정부는 자국민이 근대 이전 시대의 색채를 벗어나지 못하고 잔혹한 형벌에 처해지는 사태를 우려하여 치외법권 철폐를 강경히 반대했다. 이노우에는 일본의 유럽화를 추진하기 위해 유럽식 사교 시설을 건설하고 외국 사절을 접대하여 일본이 문명국이라는 사실을 만방에 알려야 한다고 판단했다. 하지만 당시 일본은 외빈을 영접할 저택이 없었다. 그래서 급한 대로 사쓰마번의 소조쿠 저택을 구입해 1880년에 공사에 착수해 1883년 완공했다. 당초 예산은 10만 엔이었지만, 그 후 건물 규모 확장으로 18만 엔으로 확대되었다.

로쿠메이칸은 석조 2층 건물로 1층에는 대식당, 담화실, 서적실이 있었고, 2층에 있는 무도장은 100평 정도의 홀로 되어 있었으며 스탠드바(bar)와 당구대도 설치됐다. 현관은 프렌치 르네상스 양식과 아치형으로 만들었다. 설계에 일본의 양식이 포함되길 희망했지만 거부되고 단지 정

**그림 17.** 외무대신 이노우에 가오루 　**그림 18.** 로쿠메이칸(https://yahoo.jp/P1H3LE)
(https://yahoo.jp/JuRNsaH)

원만이 일본식으로 정비되었다.

로쿠메이칸이 지어진 1883년에서 1890년까지 7년간을 로쿠메이칸 시대라 부른다. 로쿠메이칸이 완공된 1883년 11월 28일에는 1200여 명을 초대해 축하연을 열었다. 로쿠메이칸에서는 외빈을 접대할 뿐만 아니라 천황의 탄생일인 천장절을 축하하는 행사를 열기도 했다. 이외에도 야회(夜会), 무도회, 고관 부인이 주최한 자선사업 등 많은 행사가 열렸다.

이곳은 당시 궁극의 목표인 유럽화 정책을 상징하는 존재이기도 하다. 그래서 로쿠메이칸을 중심으로 한 외교정책을 '로쿠메이칸 외교'라고도 부른다. 이토 히로부미는 "나라를 위해 나도 부인들도 무도를 배워 애써 이방인의 상대를 하고자 했다."고 이야기했는데, 당시 로쿠메이칸에서의 무도는 나라를 위한 비장한 애국이었던 것이다. 그러나 국수주의자들은 이러한 행사를 사치스럽고 음란하고 퇴폐한 행사라고 비난했다.

다른 문제도 있었다. 당시 일본 행정부의 고관이나 그 부인들은 대부분이 유럽식 무도

**그림 19.** 로쿠메이칸에서의 무도회(https://ya hoo.jp/HZRhNq)

회 예절을 알 방법이 없는 탓에 시행착오를 많이 겪었다. 그러자 이런 일본인들의 우스꽝스러운 열의를 서양 사람들은 비웃었다. 프랑스의 만화가 비고는 로쿠메이칸에서 춤추는 일본인을 원숭이로 묘사하기도 했다. 서구의 외교관의 서류나 일기에도 이런 일본인을 흉을 보며 웃는 일이 많았다. 춤출 일본인 여성이 많지 않았으므로 훈련받은 게이샤나 여학생들까지 무도회에 동원되기도 했다. 이노우에의 로쿠메이칸 외교를 향한 비난이 점차 커져가자 1887년 4월 이노우에는 외무대신을 사임

**그림 20.** 로쿠메이칸에서 춤추는 일본인을 풍자한 만화(https://yahoo.jp/wTf-wI)

**그림 21.** 게이샤, 여학생을 동원(https://yahoo.jp/qb0-s2)

하면서 로쿠메이칸 시대도 막을 내리게 된다.

그러나 그 후 로쿠메이칸은 많은 예술작품의 소재가 된다. 소설, 영화, 오페라로 만들어졌고, 아쿠다가와 류노스케, 미시야 유키오와 같은 유명 작가들이 로쿠메이칸을 소재로 작품을 썼다. 미시마 유키오는 소설 <로쿠메이칸>에서 19세기 말 일본 근대 정치의 소용돌이 속에 엇갈린 네 남녀의 사랑을 그리고 있다.- 아쿠다가와 류노스케도 그의 소설 <무도회>에서 프랑스 장교와 소녀의 몽환적인 만남을 이야기하고 있다.

> 아키코는 왠지 불꽃이 슬픈 기분이 들 정도로 아름답게 느껴졌다. "나는 불꽃을 보고 생각했습니다. 우리들의 생명과도 같은 불꽃을" 한참 후에 프랑스 해군 장교는 아키코의 얼굴을 따스한 눈빛으로 내려 보면서 뭔가 알려주는 듯한 어조로 이렇게 이야기했다.
>
> 〈아쿠다가와 류노스케의 〈무도회〉 중〉

**그림 22.** 미시마 유키오의 〈로쿠메 이칸〉 (https://yahoo.jp/qptyyu)

**그림 23.** 아쿠다가와 류노스케의 〈무도회〉 (https://yahoo.jp/0PsbYf)

이 외에도 로쿠메이칸은 현재까지 많은 드라마, 영화, 오페라와 같은 예술의 소재가 되고 있다. 근대사의 소용돌이 속에서 갑작스럽게 밀려오

**그림 24.** 영화 〈로쿠메이칸〉 (https://yahoo. jp/GHzdaY)

**그림 25.** 드라마 〈로쿠메이칸〉 (https:// yahoo.jp/l9vcJN)

**그림 26.** 오페라 〈로쿠메이칸〉 (https:// yahoo.jp/5-T3D7)

**그림 27.** 연극 〈로쿠메이칸〉 (https://yahoo. jp/kFS3XB)

**그림 28.** 테이코쿠호텔(https://yahoo. jp/xLjhdR)

**그림 29.** 소실된 로쿠메이칸의 구로몬(黒門) (https://yahoo.jp/CbI9Vp)

는 서양 문물을 받아들여야 했던 일본인들의 혼란스러움이 예술가들의 예술혼을 자극하는 것으로 보인다.

밀려오는 서양 세력에 동화하려고 노력했던 결과물이었던 로쿠메이칸은 1890년 7월 인근에 테이코쿠(帝國)호텔이 문을 열면서 이용 가치가 사라지게 되었다. 그 해 건물이 궁내성에 매각되어 화려했던 로쿠메이칸 시대는 역사의 뒤안길로 사라지게 되었다. 로쿠메이칸의 정문으로 사용된 사쓰마번의 저택의 구로몬(黒門)은 국보로 지정됐지만, 1945년 미군의 공습으로 소실되었다.

현재 테이코쿠호텔 앞쪽에는 로쿠메이칸 터가 남아 있다. 도쿄역 앞쪽

**그림 30.** 로쿠메이칸 터(https://yahoo.jp/mTJ yfc)

**그림 31.** 로쿠메이칸 터였음을 알리는 비문(碑文)(https://yahoo.jp/zK-gaY)

**그림 32.** 문화역 서울 284(https://yah oo.jp/hJ7zPi)
**그림 33.** 도쿄역(https://yahoo.jp/K3R9EP)

의 NBF 히비야 빌딩 앞쪽 공터에 몇 그루의 나무가 심어진 곳이 바로 그 터이다. 그리고 벽면에 새겨진 비문에 이곳이 로쿠메이칸 터였음을 알리는 문구가 새겨져 있다.

일본 근대사의 화려함과 어둠을 함께 지녔던 로쿠메이칸 터 옆쪽으로는 도쿄역이 있다. 도쿄역은 우리나라의 옛 서울역사(현 '문화역 서울 284')와 매우 흡사한 모습이다. 쌍둥이같이 생긴 두 역사(驛舍)의 모습에서 식민 역사의 아픈 흔적을 느낄 수 있다.

### 친잔소(椿山莊)

마지막으로 도쿄도 분쿄쿠에 있는 친잔소에 대해 살펴보도록 하겠다. 친잔소는 에도시대 구루리번(지금의 치바현) 구로다씨의 시모야시키였다. 무사시노 대지의 동쪽 녹지에 해당하는 이 지역은 동백이 자생하는 경승지여서 '동백산(쓰바키야마)'으로 불렸다. 에도시대를 대표하는 우키요에 화가인 우타가와 히로시게가 남긴 '쓰바키야마(椿山)'라는 작품에서 당시의 모습을 짐작해 볼 수 있다. 이곳은 후에 수상을 2번이나 지낸 야마가타 아리토모가 세이난전쟁에서의 공을 인정받아 받게 된 연금 740엔으로 1878년 구입한 후 '친잔소'라 이름 붙였다.

그림 34. 우타가와 히로시게의 〈쓰바키야마〉
(https://yahoo.jp/HeyW2I)

그림 35. 야마가타 아리토모
(https://yahoo.jp/_mjrvil)

　야마가타 아리토모는 이곳에 조경으로 유명한 우에지 지혜를 초청해 일본식 정원을 조성하도록 했다. 그 후 1918년에 친잔소는 후지타 헤하치로 남작이 인수하여 자신의 고향인 야마구치현 하기(萩)를 본딴 모습으로 만들었다.

그림 36. 친잔소(椿山莊)(https://yahoo.jp/ HO95MK)

그림 37. 친잔소 정원(https://yahoo.jp/ _VONh6)

　이곳도 핫포엔과 마찬가지로 숙박시설과 레스토랑, 결혼식장 등으로 사용되고 있다. 여름에는 넓은 정원에 반딧불이를 풀어 반딧불이 축제를 하기도 한다.

**그림 38.** 친잔소의 '반딧불이의 저녁'(https://yahoo.jp/7xx7Ap)

**그림 39.** 친잔소 결혼식장(https://yahoo.jp/QaPMsy)

**그림 40.** 친잔소 결혼식(https://yahoo.jp/hynmRn)

**그림 41.** 친잔소 결혼식 하객들의 모습 (https://yahoo.jp/WHI-dr)

**그림 42.** 친잔소 로비(https://yahoo.jp/In BiiU)

## 2. 모더니즘의 상징 긴자의 건축

### 1) 유라쿠초에서 만납시다

노래 〈유라쿠초에서 만납시다〉

당신을 기다리면 비가 오지요 / 비에 젖진 않을까 걱정되네요 / 아~ 빌
딩 한구석의 찻집

빗물도 그리운지 노래를 하네 / 달콤한 블루스 / 당신과 나의 사랑의 암
호 / 유라쿠초에서 만납시다

마음에 스며드는 빗소리 / 역 플랫폼도 비에 젖겠네 / 아~ 작은 창 너머
희미한 백화점

오늘 영화는 로드 쇼 / 주고받는 속삭임 / 당신과 나의 사랑의 암호 /
유라쿠초에서 만납시다

슬픈 밤에는 슬픈 대로 / 거리의 등불은 따스하게 밝아오네 / 아~ 목숨
을 건 사랑의 꽃

굳건히 피어라 언제까지나 / 언제 언제까지나 / 당신과 나의 사랑의 암
호 / 유라쿠초에서 만납시다

그림 43. 프랑크 나가이의 〈유라쿠초에서
만납시다〉(https://yahoo.jp/-45rT6)

그림 44. 영화 〈유라쿠초에서 만납시다〉
포스터(https://yahoo.jp/WvaYS0)

프랑크 나가이가 부른 이 노래는 1957년 유라쿠초 소고백화점 개점 당시 CM송으로 발표된 것이다. 이 노래가 대히트를 치면서 <유라쿠초에서 만납시다>는 프랑크 나가이의 대표곡이 되었다. 노래의 인기에 힘입어 1958년에는 동명 소설, 영화가 발표되기도 했다. 이 노래는 미야자키 히로시의 소설 『유라쿠초에서 만납시다』를 원작으로 한 영화로, 프랑스 유학을 마치고 돌아온 신진 디자이너 아야와 건축가 렌타로의 사랑 이야기를 다루고 있다. 당시 유라쿠초의 백화점이 유행의 첨단을 달리고 있음을 보여주면서, 마지막에는 유라쿠초 여신상 앞에서 다시 만날 것을 약속하며 영화는 끝이 난다.

<유라쿠초에서 만납시다>는 미국 영화 <라스베거스에서 만납시다(Meet Me in Las Vegas)>에서 제목을 따왔다고 한다. 당시 전후 황폐한 긴자에 오픈한 소고백화점은 유라쿠초 전체를 활성화시키기 위한 '유라쿠초 고급화 캠페인'을 기획했다. 소고 백화점은 개점에 즈음하여 '유라쿠초에서 만납시다'라고 하는 캐치프레이즈를 내세웠는데, 이 기획은 대성공을 거둬 백화점 개점 첫날 비가 왔음에도 불구하고 30

**그림 45.** 유라쿠초 소고 개점 광고(https://yahoo.jp/YS7sM2)

만 명 이상이 방문했다고 한다. 이 캠페인은 대성공을 거둬, '유라쿠초에서 만납시다'는 당시의 유행어가 되었다.


**유라쿠초의 역사**

유라쿠초(有楽町)는 도쿄도 지요다구에 있는 유라쿠초 역을 중심으로 하는 일대의 지역 이름이다. 동쪽에 천황이 거처하는 황거가 있으며, 도쿄 고속도로를 낀 동쪽은 긴자 지역이다. 유라쿠초라는 이름은 근세 명장인 오다 노부나가의 동생 이름에서 따왔다고 한다는 설이 있다. 오다 노부나가의 동생 나가마스는 '유라쿠사이'라고도 불렸는데, 그가 도쿠가와 이에야스에게 토지를 받아 저택을 세운 이곳을 '유라쿠하라'라 불렀다고 한다. 그리고 메이지 시대에는 이곳에 '유라쿠초'라는 지명이 붙여졌다.

1900년대 들어 유라쿠초는 개발되기 시작했는데, 1910년에는 야마노테선 유라쿠초 역이 개설되었다. 1933년에는 도쿄 다카라즈카 극장이 오픈하여 유라쿠초는 극장의 거리로 변모했다. 또한 마이니치 신문사, 아사

**그림 46.** 요미우리회관(https://yahoo.jp/-kUdp5)

히 신문사 등의 본사와 요미우리 신문사의 별관이 들어섰다.

1957년 오사카를 기반으로 하는 소고 백화점은 도쿄로 진출하기 위해 유라쿠초를 검토하고 있었다. 유라쿠초 주변은 태평양전쟁 당시에는 암시장이 있던 곳이었으나, 1950년대 전반 암시장의 느낌이 서서히 사라지고 사람들의 왕래가 늘어나기 시작하면서 신흥 상업지역으로 부상하고 있었다. 결국 소고 백화점은 고심 끝에 1957년 5월 유라쿠초역 부근의 요미우리신문사의 요미우리 회관에 개점하기로 결정했다.

유라쿠초는 유라쿠초 마리온과 '마리온 클락'이라는 연주하는 인형 시계로도 유명하다. 1981년 그때까지 유라쿠초의 얼굴 역할을 했던 아사히 신문사와 일본극장의 건물이 해체되고, 1984년 '유라쿠초 마리온'이 들어섰다. 유라쿠초 마리온은 새로운 명소로 각광을 받기 시작했는데, 이 건물에 설치된 '마리온 클락'이라 불리는 시계는 도쿄 사람들의 많은 사

랑을 받았다. 이 시계의 정식 명칭은 '세이코 마리온 클락'으로, 일본 최초의 옥외형 대형 인형시계이다. 직경 2.6m, 인형의 신장은 약 50㎝로 디자인 모티브는 회중시계이다. 매시 정각 팡파레와 함께 시계 뒤에서 귀여운 인형들이 나와 오리지널 음악에 맞춰 4분간 금관을 두드리며 시각을 알린다. 연주가 끝나면 인형은 안으로 들어가고 시계가 내려온다.

이 시계는 단지 시각을 알리는 것뿐 아니라 '지나는 사람들의 발걸음을 멈추게 하는 시계를 만들자'는 컨셉으로 만들었다. 당시 인형의 퍼포먼스를 보기 위해 몇 백 명씩 몰려, 긴자와 유라쿠초의 인파의 흐름을 바꿀 정도로 인기가 있었다. 지금도 데이트 약속 장소나 선거 유세장으로도 유명하다.

그림 47. 유라쿠초 마리온(https://yahoo.jp/FX1eBT)

그림 48. 유라쿠초 마리온 인형 시계(https://yahoo.jp/B6UqGV)

그 후 마리온 시계와 비슷한 컨셉의 인형시계들이 일본 곳곳에 만들어졌다. 1994년 시코쿠의 유명 관광지 마쓰야마에 도고온천 건설 100주년을 기념해 설치된 '봇창 인형시계'도 그 중 하나이다. 일본의 대문호 나쓰메 소세키의 소설 '봇창(도련님)'에 등장하는 인물들을 테마로 한 시계로 관광객들의 인기를 끌고 있다. 도고온천은 애니메이션 '센과 치히로의 행방불명'의 무대인 온천장 '아부라야'의 모델로도 유명한 곳이다.

**그림 49.** 봇창 인형시계(http:// dougoonsen.sakura.ne.jp/san saku/tokei.html)

**그림 50.** 마쓰야마시 도고온천(https://yahoo.jp/8aF Vc8)

2000년에는 유라쿠초 소고가 폐점을 하고, 새롭게 빅 카메라 가 오픈했다.

## 2) 모더니즘의 상징 긴자 가스등 거리

유라쿠초와 연결되어 있는 긴 자는 메이지시대(1868년~1912 년)에 철도가 개통되고 가스등

**그림 51.** 유라쿠 빅 카메라(https://yahoo. jp/iSbWDL)

이 설치되며 대형 상점들이 개점하면서 번성한 도시가 된다. 이후 긴자는 일본 번화가의 대명사로서 자리 잡고 있으며, 세계적인 고급 상점가, 번화 가. 골동품점 등으로 그 이름을 알리고 있다.

일본에 가스등이 처음 설치된 곳은 요코하마(1872년)이다. 그리고 2년 뒤인 1874년에 긴자에도 가스등이 설치되어 가스등은 문명개화의 상징이 되었다. 에도의 우키요에 화가 3대 히로시게가 그린 도쿄명소 그림 <긴자 거리 붉은 벽돌>에도 가스등의 모습이 그려져 있다. 현재 긴자 1초메에서 4초메까지 가스등 거리가 조성되어 있어 다양한 예술적 가스등을 찾아보는 재미가 있다.

그림 52. 긴자거리 붉은 벽돌(https://yahoo.jp/mLf62M)

그림 53. 긴자의 가스등(1877년)(https://yahoo.jp/EqURtY)

그림 54. 긴자 가스등 거리(https://yahoo.jp/URx-k3)

그림 55. 애플사 옆의 가스등(https://yahoo.jp/AQeW95)

### 와코 시계탑

긴자를 대표하는 또 다
른 상징은 긴자 4초메에 있
는 시계 등의 고급품을 취
급하는 와코 시계탑이다.
1929년에 '핫토리 시계점
(지금의 Seiko)'으로 세워
진 이 건물은 르네상스 양
식으로 지어져 1900년대
초 세련된 모던 건축의 진

**그림 56.** 긴자 와코(Seiko) 본점(https://yahoo.
jp/dHzgkv)

수를 보여주는 건축물이다. 특히 라이트 업된 저녁 무렵의 모습이 긴자
의 세련미를 보여주는 상징처럼 되어 있다.

와코 시계탑 앞쪽의 긴자 거리는 1970년부터 주말에는 차량의 통행을
금지하는 '보행자 천국'제도를 운영했다. 보행자 천국 운영 첫날인 8월
2일 신문 1면 탑 기사는 '도로가 웃음으로 채워졌다'고 되어 있었다. 긴
자는 현재 일본에서 땅값이 가장 비싼 지역으로, 1971년에는 아시아 최
초로 맥도날드가 개업하기도 했다.

**그림 57.** 보행자 천국 운영 첫 날(1970년)
(https://yahoo.jp/rtOVoh)

**그림 58.** 맥도날드 1호점(1971년)
(https://yahoo.jp/8v5wHd)

현재 긴자는 고급 백화점과 유명 브랜드의 회사들이 입점해 있어 유행의 첨단을 달리는 곳이다. 신주쿠(新宿)나 롯폰기(六本木)와 같은 도쿄를 대표하는 지역과 긴자의 차이점은 긴자는 근대적이고 기능적인 건축물이 많다는 점과 역사를 보존하는 전통적인 건축이나 풍경이 조화로운 모습을 갖춘 도시라는 점, 그런 점에서 다른 지역과는 다른 품위와 전통을 지닌 도시라 하겠다.

그림 59. 긴자 루이비통(http://minato.mio.holy.jp/?eid=354)

그림 60. 긴자 아르마니(https://www.wwdjapan.com/articles/840154)

그림 61. 미쓰코시 백화점(https://yahoo.jp/Ah1Hmu)

그림 62. 마쓰야 긴자(https://yahoo.jp/pNcy04)

　　마쓰자키 텐민은 그의 작품 『긴자』에서 긴자는 근대 초기 모더니즘을 대표하는 긴자 거리는 선통과 현재가 조화롭게 공존하는 공간이라 하고 있다.

눈에 보이는 광경에 현혹되어
긴자에 새로운 시대만 있다고 보는
것은 커다란 오류이다. 어렴풋한
과거의 흔적과 뚜렷한 현재의 실존
이 비극적, 또 희극적으로 교차해
서 일종의 선율을 연주하고 있는
것이 진정한 긴자의 모습이다.
(마쓰자키 텐민의 〈긴자〉 중)

그림 63. 네트로퐁 기패(https://yahoo.
jp/zMwudq)

## 3) 긴자의 역사

### 메이지시대 긴자(1880년대)

1869년과 1872년, 긴자는 두 번의 커다란 화재 피해를 입는다. 그러나 이것이 오히려 긴자 거리를 정비하는 계기가 되었다. 당시 도쿄 도지사였던 유리 기미마사는 토마스 워틀스의 설계에 따른 조지아 양식의 붉은 벽돌 건물의 건설에 박차를 가했다. 일본은 목조건물로 인한 화재 위험이 항상 있었기 때문에 화재에 강한 도시를 만들기 위해 붉은 벽돌로 건물들을 지었던 것이다. 약국에서 시작하여 긴자에서 카페를 운영했던 시세이도 팔러 등이 당시 붉은 벽돌로 지은 건물이다. 긴자 거리를 정비하는 작업은 1872년 개통 예정이던 요코하마와 도쿄를 연결하는 철도의 종점 신바시(新橋)와 당시 동일본경제의 중심지였던 니혼바시(日本橋) 사이에 있는 긴자를 문명개화의 상징적인 거리로 하고자 하는 의도가 있었다.

이후 긴자는 런던의 리젠트 스트리트를 모방하여 소나무나 벚꽃, 단풍나무들로 된 가로수를 심고 가스등이나 아케이드가 만들어지면서 긴자는

**그림 64.** 1880년대 긴자 거리 미니어처(에도도쿄박물관)(https://yahoo.jp/CnaXcM)

**그림 65.** 시세이도 팔러(https://yahoo.jp/aZ5Shq)

모더니즘 문화의 선봉이 된다.

### 다이쇼, 쇼와시대의 긴자(1912년~1945년)

1923년 9월 1일 발생한 관동대지진으로 긴자는 거리 대부분이 소실되어 큰 피해를 입는다. 이에 도쿄시는 국가 원조를 받아

**그림 66.** 영국의 리젠트 스트리트(https://yahoo.jp/zCGy2r)

제국 도시 부흥계획을 실시하여 도시 기능 확충을 꾀하려고 했다. 그 결과 긴자에서 붉은 벽돌 건물들이 철거되고 긴자는 하루미, 소토보리까지 확장되게 되었다.

일본에는 상점가에 'OO긴자'라는 명칭을 자주 볼 수 있는데, 이는 대지진을 맞은 긴자와 관련이 있다. 도쿄 외곽의 토고시 상점가는 대지진 이후 배수처리에 곤란을 겪다가 긴자에서 철거된 벽돌을 받아 배수처리에 이용했다. 이것이 유래가 되어 상점가명에 '토고시 긴자'라는 이름을 쓰게 됐는데 이것이 전국 최초로 '~긴자'명을 쓰는 상점가의 시초가 되었다. 그 이후 긴자의 번영을 모토로 전국 각지에 'OO긴자'라는 이름을 단 상점가가 등장하게 되었다.

**그림 67.** 토고시 긴자(https://yahoo.jp/e2TWoH)

**그림 68.** 사카이 긴자(https://yahoo.jp/PXyyHs)

### 태평양전쟁 이후의 긴자

제2차 세계대전이 끝난 후 긴자에는 많은 상업시설이 연합군에게 접수되었다. 그 한편으로 긴자의 상점 주인들은 노점이나 천막 등에서 영업을 시작했다. 화교 왕장덕(王長德)은 이때 긴자의 일등지 땅을 사들였다. 1946년부터는 긴자의 부흥이 궤도에 오르게 되었다.

1990년대 후반부터 도심재개발 붐으로 긴자는 다시 각광을 받게 된다. 긴자의 재개발도 추진되어 해외의 고급 브랜드 각사가 입점하기 시작했다. 2010년부터는 중국인 관광객들이 증가하여 중국인을 비롯한 외국인을 상대로 한 상점들이 늘어나고 있다.

## 4) 긴자의 건축

### 긴자 소니빌딩

긴자 소니빌딩은 1966년 소니가 자사 쇼룸으로 건축한 건물이다. 이 건물은 현대 모더니즘 건축의 주요 건축물 중 하나로, 2003년 DOCOMO JAPAN이 선정한 '일본 모던 무브먼트 건축'으로 선정되기도 했다. 건물 평면은 전(田)자 모양으로 4등분 되어 있고, 각 층은 나선모양으로 연결되는 스킵 플로어 구조로 되어 있다. 오픈 당시 외벽에 2,300개의 브라운관을 사용한 전광문자 표시판, 1층에는 패널 빌딩, 일본에서 가장 빠른 엘리베이터 등으로 화제를 모았다. 여기에서는 소니 제품을 실제 조작해 볼 수도 있고 그 자리에서 구입도 가능했다.

소니빌딩은 제품 전시 이외에도 레스토랑과 카페, 플라자 등의 다양한 상점이 영업을 했다. 1층에는 영국식 바 '펍 가디널(Pub Gardinal)'를, 지하 3층에는 '맥심 드 파리'를 운영했는데, 맥심 드 파리(2015년 폐점)는 그 화려함으로 오픈 당시부터 화제를 모았다.

그림 69. 긴자 소니 빌딩(https://yahoo.jp/fIZ_CB)

그림 70. 맥심 드 파리(https://press.chiku-wa.jp/press_1581/)

과거에는 플레이 스테이션(Play Sta-tion) 등 거의 모든 게임 디스크를 보유하여 누구라도 무료로 플레이할 수 있는 디스플레이 플로어가 있어 호평을 얻었었다. 도요타 자동차가 이케부쿠로에 전시장(AMLUX)을 오픈하기 전에는 도요타 자동차를 전시하기도 했다.

**그림 71.** 도요타 쇼 룸(https://yahoo.jp/TBp5E8)

이 빌딩에는 1층과 지하 1층 사이의 계단을 밟을 때 빛과 소리가 나도록 설계한 '멜로디 스텝'이 있어 주목을 끌었다. 아래로부터 도, 레, 미, 파 음과 3옥타브(22단)의 소리가 나서 통칭 '도레미 계단'으로 불리기도 했다. 현재 이 아이디어는 전 세계에 전파되어 호평을 얻고 있다.

소니빌딩은 새로운 아이디어로 긴자의 핫플레이스 역할을 했는데, 소니 창업 70주년, 소니 빌딩 개업 50주년을 맞아 2016년부터 2025년까지 '긴자 소니 파크 프로젝트'를 추진하기로 하여 이 건물은 2017년 3월 31일에 영업을 종료했다.

### 긴자 소니 파크(GINZA SONY PARK)

1966년에 세워진 소니 빌딩은 2018년 8월에 '긴자 소니 파크'로 재탄생되었다. '변화하는 실험적 공원'을 콘셉트로 다양한 체험형 이벤트나 라이브 등의 프로그램을 개최하고 있다. 지하 1층 입구에는 아티스트 스도 순이 그린 벽화가 있다. 많은 사람들로 늘 붐비는 활기차고 화려한 긴자 거리를 꽃으로 다양한 꽃으로 표현한 그림이다.

긴자 소니 파크는 약 707m²의 지상부와 지하 4층의 '로우워 파크(Lower Park)로 구성되어 있다. 1966년 오픈한 소니 빌딩은 지상 8층,

**그림 72.** 긴자 소니 파크(https://ya hoo.jp/WZEPlp)

**그림 73.** 소니 파크 지하1층에 있는 스도 슌의 벽화 (https://yahoo.jp/FVLXM4)

지하 5층, 꽃잎 모양의 내부구조를 가진 입체 프롬나드식 복합 쇼룸 형태로 지어졌었다. 소니 파크는 그런 기존 소니 빌딩의 특징적 구조는 그대로 남기면서 지하를 개방형의 오픈 수직 입체공원 형태로 설계한 것이다. 「Ginza Sony Park」 프로젝트는 2025년 완성을 목표로 현재도 추진 중이다.

긴자 소니 파크는 폭넓은 가능성을 가진 독창적인 프로젝트로 대담하고 미래를 내다본 프로젝트라는 평가를 받아 세계 3대 디자인상의 하나인 「iF Design Award」 건축 분야에서 금상을 수상했다. 지역주민의 용도나 필요에 호응할 수 있는 유연한 변화가 가능하도록 설계되었다고 한다.

여기에서는 2020년 1월 22일부터 3월 15일까지 「Queen In the Park」라는 음악체험 프로그램이 열렸는데, 음악을 듣는 것만이 아니라 보고, 연주하고 곡 속으로 들어가는 체험을 할 수 있는 장을 제공하고자 하는 목적으로 만들어졌다. 『We will Rock You』, 『Bohemian Rhapsody』 등의 히트곡으로 전세계인을 매료시킨 퀸의 노래를 소재로 음향기기를 중심으로 성장한 소니의 기술을 엔터테인먼트와 접속시킨 참신한 시도로 평가받고 있다.

지하로 가는 계단에는 소니 빌딩의 멜로디 스텝을 재현한 「WE WILL

ROCK YOU / Melody Step」을 만들었다. 또한 소니의 음악기술인 'Sonic Surf VR'(파상면(波狀面) 합성 알고리즘을 이용한 입체적 음향)을 이용한 입체감 있는 음을 체험할 수 있는 공간 「BOHEMIAN RHAPSODY / Sound VR」 체험 공간도 있다. 이 외에도 특별 제작한 퀸 음악 전용 오리지널 주크박스를 설치하여 모인 돈은 <THE MERCURY PHOENIX TRUST>에 기부하기 위한 「JEWELS / Donation Juke Box」도 운영했다. <머큐리 휘닉스 트러스트>는 1992년 프레디 머큐리 추모 콘서트가 끝난 뒤 브라이언, 메이, 고시, 네일러, 심 비치가 설립한 재단이다.

그림 74. 「WE WILL ROCK YOU」 Melody Step(https://yhoo.jp/1vJHqa)  그림 75. 「Queen In the Park」 프로그램(https://yahoo.jp/DeBsFh)  그림 76. Donation Juke Box(https://yahoo.jp/OUBIEY)

소니 빌딩을 이어 새롭게 만들어진 긴자 소니 파크는 이와 같이 지역주민과 함께 할 수 있는 새로운 음악적 시도를 위한 열린 공간으로서의 역할을 수행하고 있다.

## 3. 도쿄의 문화와 예술

### 1) 전통 공연예술 가부키

#### 근대식 대형 극장 가부키좌

긴자의 동쪽 히가시 긴자(東銀座)에는 대중 연극 가부키를 공연하기 위한 전용 극장 가부키좌가 있다. 1889년에 오픈한 이곳에서는 1년 내내 일본 전통 예능극인 가부키를 공연하고 있어 일본인들뿐 아니라 많은 외국인 관광객이 찾는 곳이다. 그동안 극장은 지명이나 회사명을 쓰는 경우가 대부분이었는데(나카무라좌, 쇼치쿠좌 등) '가부키좌'라고 하는 일반 명사를 사용함으로써 천시되던 연극이 아닌 권위 있는 연극을 위한 극장이라는 의미를 부여하고자 했다.

**그림 77.** 가부키좌(https://yahoo.jp/fBhf 6v)   **그림 78.** 가부키좌 고비키쵸 광장(https: //yahoo.jp/3K4v6v)

가부키좌는 메이지시대 연극 개량운동의 일환으로 근대식 극장으로 개설했다. 그러나 여러 번의 화재로 소실되고, 1925년에 긴자 4초메에 새로 문을 열자 도쿄의 새로운 명소가 되었다. 그 후 제2차 세계대전중 도쿄 대공습으로 전소했다. 1950년에 개축했고, 1993년 이후에는 쇼치쿠(松竹)7)회장 나가야마의 방침으로 1년 내내 가부기를 공연하게 되었다. 2000년대 들어 가부기좌의 노후화가 심해지면서 2013년 오피스 빌딩과

---

7) 쇼치쿠(松竹)는 일본의 영화, 연극을 제작하고 배급하는 최고의 기업이다. 원래 회사 소유의 촬영장이 있었는데 지금은 폐쇄되었고, 현재는 주로 연극이나 가부키, 전통 인형극인 분라쿠 등에 주력하고 있다. 영화에서도 일본 국민 영화라 불리는 '남자는 괴로워' 시리즈를 필두로 수많은 히트작을 제작했다.

병설된 형태로 가부키좌를 다시 지었다. 가부키좌 타워는 지하 4층, 지상 29층 건물로, 지하 광장에는 '고비키쵸 광장'을 병설하여 이곳에서는 기념품 등을 살 수 있다. 가부키좌 타워는 5층까지만 일반에게 공개하고 있다. 가부키좌는 4층으로 되어 있고, 좌석 수는 1,964석이다.

### 가부키의 유래

가부키는 짙은 분장과 양식적인 연기로 유명한 일본의 대표적인 전통 연극으로, 오늘날에도 다른 전통극보다 많은 애호가를 보유하고 있다. 가부키의 시초는 1600년을 전후로 이즈모(현재의 시마네현)의 오쿠니라는 여자 예능인이 파격적인 복장을 하고 무대에서 노래와 춤, 그 사이에 촌극을 섞은 선정적인 쇼를 하여 선풍적 인기를 끌었던 '오쿠니 가부키'에서 시작되었다.

오쿠니 가부키가 인기를 끌자 전국 각지에서 여성 중심의 극단이 생겨나고 전국적으로 퍼져나갔다. 하지만 '유녀 가부키'라 불리는 이들은 매춘과 풍기문란을 야기하여 금지되고, 그 후 '와카슈(若衆) 가부키'라는

그림 79. 오쿠니 가부키(https://yahoo.jp/mx9_Xd)

그림 80. 교토 시죠의 오쿠니 동상(https://yahoo.jp/8OAtH8)

**그림 81.** 와카슈 가부키(https://yahoo.jp/V3
CKuJ)

**그림 82.** 야로 아타마(https://yahoo.
jp/ovkinE)

젊은 남자들을 중심으로 한 가부키가 시작되었다. 그러나 이것도 남색으
로 금지되게 된다. 그러자 막부에서는 성인 남자배우가 사실적인 연기를
한다는 조건하에 허가를 내주어 오늘날과 같은 가부키로 출발하게 되었
다. 당시 앞머리를 자른 성인 남자의 머리를 '야로 아타마'라 했기 때문
에 이들을 '야로 가부키'라 불렀다. 이때부터 일반적으로 단지 가부키라
고 하면 야로 가부키를 의미하게 되었다.

**그림 83.** 1858년 7월 에도 이치무라자에서 상연된 〈시
바라쿠〉(https://yahoo.jp/Jhvn1p)

**그림 84.** 2019년 공연된 〈시바
라쿠〉(https://yahoo.jp/Lx2k
83)

가부키는 호화로운 무대와 의상이 특징으로, '노래(歌)'와 '춤(舞)' '솜씨(伎)'라는 의미를 지닌다. 또한 당시의 동사 '가부쿠(傾く, 기울다)'에서 유래하여, '이상하고 화려한 차림이나 호색적인 언동을 하는 것'을 의미하기도 한다. 가부키는 전통 예능을 지키고자 하는 일본인들의 노력을 인정받아 2008년 유네스코 인류무형문화유산에 등재되었다.

### 가부키의 운영

가부키에서 여성 역을 맡는 남자배우를 '온나가타(女形, 女方)'라 부른다. 이들은 평소 생활에서도 여성보다 더 여성스럽게 생활하도록 스스로를 단련하고 있다. 온나가타의 의상 중 화려한 것은 20kg이 넘는 것도 있는데, 가발과 게다를 신으면 40kg에 육박한다고 한다. 여성 역할은 대개 악기를 연주하거나 가만히 있거나, 아니면 긴 시간 춤을 춰야 하는 경우가 많고, 목소리도 여성스러운 가는 목소리를 내야 해서 온나가타 배우들은 상당한 기술과 체력이 요구되는 경우가 많다. 온나가타로 유명한 배우로는 제5대 반도 타마사부로(坂東玉三郎), 오노에 기쿠노스케

**그림 85.** 반도 타마사부로(https://yahoo.jp/5U2I1B)

**그림 86.** 오노에 기쿠노스케(https://yahoo.jp/VAeMjt)

(尾上菊之助) 등이 있다. 타마사부로는 인간 국보로 가장 뛰어난 온나가 타로 이름을 날렸는데, 2019년 체력의 한계를 느끼고 은퇴했다.

국제적으로도 가부키는 특유의 무대, 배우의 독특한 연기와 화장술, 남자배우만으로 연기되는 점 등으로 많은 주목을 받고 있다. 가부키에서 배우의 화장술을 '게쇼(化粧)' 혹은 '구마도리'라고 하는데, 배우들은 독특한 화장으로 강렬한 캐릭터를 표현한다. '구마도리'에 있어 붉은색은 정의, 용기, 선을, 파란색은 냉혹함, 악을 나타낸다. 갈색은 도깨비나 귀신과 같이 인간이 아닌 존재를 나타낸다. 가부키 화장은 배우 스스로 한다.

그림 87. '게쇼'(https://yahoo.jp/9 eED-W)

그림 88. 구마도리(https://yahoo.jp/3d o2eK)

가부키좌의 가부키는 1년 내내 진행되는데, 11시 반부터 시작하는 낮 공연과 오후 4시 반부터 시작하는 저녁 공연이 있다. 가부키의 내용에 따라 달라지지만, 공연은 대개 3~4시간 계속된다. 관람료는 배우들이 포즈를 취하는 하나미치(花道)에서 가장 가까운 사지키석은 2만 엔, 1등석 18,000엔, 2등석 14,000 엔, 3층 A석 6,000 엔, 3층 B석 4,000 엔이다.

### 에도 문자

가부키나 스모, 만담 등의 일본 전통 공연에 사용되는 독특한 글자체가 있다. 요세 문자(寄席文字), 바구니문자(籠文字)라고 불리는 에도 문

**그림 89.** 에도 문자(https://yahoo.jp/Zz1pV3)

**그림 90.** 에도 문자로 된 메뉴(https://yahoo.jp/ocrUWD)

**그림 91.** 에도문자로 된 생선 이름(https://yahoo.jp/5eLNzh)

자(江戶文字)이다. 사진 왼쪽이 간테이류(勘亭流)로 가부키에 사용되고, 왼쪽에서 두 번째가 스모에 사용되는 스모지(相撲字), 만담 등의 공연에 사용되는 요세문자인데, 이런 문자들을 통틀어 에도문자라 부른다. 가부키에 사용되는 간테이류는 1779년 오카자키야 간로쿠(岡崎屋勘六)가 고안한 서체로, 그의 호 '간테이(嵌亭)'를 따서 붙인 이름이다. 주로 가부키 배우들의 이름이나 포스터 등 다양한 곳에 사용되고 있다. 지금은 일본의 음식점이나 스시집에 이러한 에도문자를 사용하는 곳이 많다.

### 가부키에서 파생된 말들

가부키에서 파생된 일상용어는 의외로 많다. 이 중 우리도 폭넓게 쓰고 있는 용어 두 가지만 소개하도록 한다.

우선 자신이 가장 자신 있는 것을 '18번'이라고 하는데, 이것은 제7대 이치카와 단쥬로가 이치가와 가문의 특기로 선정한 '18개의 비법'을 말한다. <시바라쿠>라든지 <스케로쿠> <간진쵸> 등 이치카와 가문이 자신 있는 작품 총 18개를 18번이라고 하는데, 이것이 후에 '자기가 가장 자신 있는 장기'를 뜻하는 단어가 되었다.

두 번째로 '흑막(黑幕)'이라는 용어인데, 가부키에서 '검은 막'은 밤을 나타낸다. 여기에서 무대 뒤에서 영향력을 행사하면서 무대를 조정하는

**그림 92.** 가부키 〈시바라쿠〉 (https://yahoo.jp/_DVzZD)

**그림 93.** 가부키 〈스케로쿠〉 (https://yahoo.jp/hetlcR)

**그림 94.** 스케로쿠의 애인 아게마키(https://yahoo.jp/37KTOB)

흥행사, 투자자, 연극 관계자들을 '흑막'이라 부르게 되었다. 또한 '막'이 란 것이 내부에 들어가기 어려워 외부인들은 상황을 알 수 없다는 의미 가 있어 오늘날 '정계의 흑막'과 같이 사용되게 되었다. 우리의 일상 속 에 스며든 일본어의 잔재는 의외로 많은데, 우리가 흔히 사용하는 이런 용어들이 어떤 배경을 가지고 있는지 알고 사용해야 하겠다.

가부키 무대에서 사용되는 막은 검정, 주황, 녹색 순으로 전국 거의 모든 가부키좌에서 공통의 막을 사용한다. 이를 '정식 막'이라고 하는데,

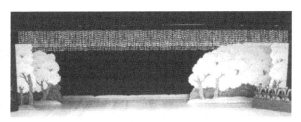

**그림 95.** 제7대 이치 카와 단쥬로(https://yahoo.jp/ss22Ro)

**그림 96.** 가부키의 '흑막'(https://yahoo.jp/Mcum35)

**그림 97.** 정식 막(https://yahoo.jp/Pgku Gd)

**그림 98.** 가부키아게(https://yahoo.jp/ 9IRItV)

일본에서 흔히 볼 수 있는 과자인 <가부키아게>에는 이 막 문양과 가부키 문자인 칸테이문자 등이 사용되고 있다.

### 히토마쿠미와 하나미치

가부키에서는 좋아하는 막 하나 만을 볼 수 있는 것을 '히토마쿠미(一幕見)' 또는 '마쿠(幕見)미"라 한다. 이것은 가부키를 처음 보는 관객이나 관광객들도 비용이나 시간에 구애받지 않고 부담 없이 볼 수 있는 장점이 있다. 출입구는 따로 되어 있고, 좌석은 가부키좌 제일 위쪽 4층에 위치하고 있다. 전석 자유석으로 객석에 앉아서 관람할 수 있는 좌석 90석, 서서 볼 수 있는 사람 수 60명으로 총 150명 정원으로 되어 있다. 요금은 1,000~2,000엔 정도로 부담 없이 볼 수 있는 가격이다. 여행에서 일본의 전통 예능 가부키란 어떤 것인지 잠시 체험해 보는 것도 좋을 듯하다.

### 하나미치(花道)

가부키에서 배우가 무대에 드나들거나 관객들과 호응하기 위해 객석 사이에 내놓은 길로, 배우들은 연극의 클라이맥스에서 이곳에서 포즈를

**그림 99.** 마쿠미석(https://yahoo.jp/ CfMovu)

**그림 100.** 히토마쿠미석 입구(https://yahoo. jp/Im3DEq)

취하고 잠시 동작을 정지한다. 무대 전체를 10등분할 경우 3할 정도의 위치에 해당되는 곳으로, 관객들에게 가까이에서 배우의 연기를 보여주기 위해 몇 초 동안 잠시 특유의 자세를 취한다.

'하나미치(花道)'라는 이름이 부쳐진 이유는 관객들이 배우에게 꽃을 전해 준 데서 유래한다. 가부키에서는 배우와 관객이 서로 호응하기 위해 결정적인 장면에서 관객들이 배우의 호를 큰소리로 외치는데, 하나미치에서 배우가 포즈를 취하면 관객들의 호응도 최고조가 된다. 1층의 하나미치에 가장 가까운 좌석(사지키석)이 가장 비싼 이유이다. 요즘은 이렇게 객석 사이로 난 공연무대를 많이 볼 수 있지만, 당시 관객에게는 2차원적인 무대가 배우가 객석으로 나옴으로써 3차원적인 연출을 가능

**그림 101.** 하나미치(https://yahoo.jp/ YB6qMeH)

**그림 102.** 하나미치에서 포즈를 취하는 스케 로쿠역의 배우(https://yahoo.jp/enVzTB)

하게 했다는 점에서 연극사상 특기할 만한 일이었다고 할 수 있다.

## 2) 가부키와 도시락 문화

### 마쿠노우치 도시락(幕の内弁当)

마쿠노우치(幕の内)란 에도시대에 연극에서 막과 막 사이에 먹는 도시락을 말한다. 가부키의 공연 시간은 매우 길어서 관객은 막과 막 사이에 공연장에서 도시락을 먹었다. 메이지 이후에는 '에키벤(駅弁, 역에서 파는 도시락)' 형식의 하나로 널리 퍼지게 되었다.

그림 103. 가부키좌에서 판매하는 마쿠노우치 도시락(https://yahoo.jp/2b1nz8)

그림 104. 시즈오카역의 마쿠노우치 도시락(https://yahoo.jp/hpWfli)

그림 105. 가이세키풍의 마쿠노우치 도시락(https://yahoo.jp/KiAwBF)

그림 106. 패밀리 마트의 마쿠노우치 도시락(https://yahoo.jp/FBBSMo)

제2차 세계대전 이후에는 가이세키풍(懷石風)의 마쿠노우치 도시락이 고급 음식점이나 가정요리로 인기를 끌었다. 그런 한편으로 다양하지만 소량의 반찬이 들어간 도시락이 백화점이나 편의점에서 판매되기 시작했다.

### 쇼카도 도시락(松花堂弁当)

마쿠노우치 도시락과 비슷한 것으로 쇼카도 도시락이 있다. 쇼카도 도시락은 마쿠노우치 도시락과 마찬가지로 흰 밥과 몇 가지 반찬이 들어간 도시락이라는 점, 또 상자를 사용하고 상자 안에 십(十)자로 칸을 만들어 밥과 반찬을 넣는다는 점에서 흡사한 면이 많다. 그러나 마쿠노우치 도시락이 간편하게 먹는다는 인상이 강한 반면, 쇼카도 도시락은 도시락이라는 이름과는 달리 원래 다도에 있어서의 차요리(茶料理)인 가이세키요리에서 온 본격적인 요리이다.

쇼카도(松花堂)란 명칭은 에도시대 학승이었던 쇼카도 쇼조(松花堂昭乗)의 이름에서 유래한다. 서도가, 화가였던 쇼조는 농가에서 파종 때 이용하던 바구니를 물감이나 약재 등을 넣기 위해 사용했다. 그 후 수백년이 지난 1933년 고급 요리점 깃쵸(吉兆)의 창시자였던 유키 테이치(湯

**그림 107.** 가이세키 요리(https://yahoo.jp/CHZGVkw)

**그림 108.** 깃쵸의 쇼카도 도시락(https://yahoo.jp/NpBfKO)

木貞一)가 에도시대 쇼조가 사용했던 그릇을 이용한 가이세키 도시락을 만든 것이 그 시작이다. 이것이 마이니치신문 등에 크게 보도되면서 쇼카도 도시락은 주목받기 시작했다. 쇼카도 도시락은 요정의 메뉴에도 들어있을 정도로 고급 요리에 속한다.

가부키는 중세의 전통 예능인 노(能)와는 달리 서민들이 중간중간 도시락을 먹으며 즐길 수 있는 국민 오락이었다. '마쿠노우치 도시락'처럼 예능에서 파생된 용어가 일상용어로 자리 잡게 되었고, 일본의 도시락 문화에도 영향을 미치게 되었다. 이렇게 전통을 현내에까지 살려온 일본인들의 저력은 평가할 만하다. 여행길에서 그 나라의 전통 예능을 접하고 거기에서 파생된 다양한 문화를 체험해 보는 것도 의미 있는 일이라 생각된다.

제4장

# 도쿄의 인물

## 1. 100가지 에도의 모습을 그린 화가 우타가와 히로시게

### 히로시게 블루

우타가와 히로시게(1797년~1858년)는 에도시대 우키요에 화가이다. 안도 히로시게라고도 한다. 그는 에도의 100가지 풍경을 우키요에로 그렸는데, 그의 화풍은 고흐나 모네와 같은 서양 화가에게 많은 영향을 미쳤다. 그는 대담한 구도나 청색, 특히 남색을 잘 구사하는 화가로 유명하다. 그가 사용한 선명한 청색은 일본 고유의 남색이라 오해하는 경우가 많은데, 당시 유럽에서 수입된 새로운 안료인 심청(細靑)이 있다. 목판화의 성격상 유화보다는 선명한 색을 띠어서, 이 감청색은 서구에서는 '베르메르 블루',[1] '저팬 블루(Japan Blue)', 혹은 '히로시게 블루'라 불렀다. 이 히로시게 블루는 19세기 후반 프랑스에서 시작된 인상파 화가나 아르누보 예술가들에게 많은 영향을 주어 유럽에서의 '자포니즘'을 유행시킨 요인이 되었다. 그러면 19세기 유럽의 자포니즘을 촉발한 히로시게의 우키요에와 자포니즘에 대해 살펴보도록 하겠다.

### 우키요에(浮世繪)와 자포니즘

우키요에란 에도시대 초기에 성립한 회화 방식이다. 근세는 상업의 발달로 상인들이 부를 축적했고, 유곽을 중심으로 사회 전반에 향략적 분위기가 팽배했다. '우키요(浮世)'란 원래는 '덧없는 세상'을 의미하는 것이다. 이것이 에도시대 들어서면서 근세의 사회분위기를 반영하는 용

---

1) 요하네스 베르메르는 17세기 네덜란드 화가로 주요 작품은 <진주 귀고리를 한 소녀>이다. <진주 귀고리를 한 소녀>는 '북유럽의 모나리자'로 불리는데 소녀가 두른 푸른색 두건 때문에 당시 유럽 화가들이 사용했던 선명한 색상의 감청색을 '베르메르 블루'라 불렀다.

어로 정착했고, 그 의미도 '향락적인 세계, 호색'을 의미하게 되었다. 우키요에란 이런 향락적 사회상을 반영하여 근세에 새로 탄생한 그림의 방식이다.

우키요에로 가장 유명한 것은 가쓰시카 호쿠사이의 <부악36경(富岳36景)>중 하나인 '가나가와 파도 뒷면'이란 그림이다. <부악36경>은 후지산 풍경이 들어간 36개의 판화 화집을 말한다. 이 중 첫 번째 작품이 그 유명한 '가나가와 파도 뒷면'이다.

그림 1. 가나가와 파도 뒷면(https://yahoo.jp/4VnWqt)

이 작품은 현재 영국 런던 대영박물관에 소장되어 있는데, 거대한 파도에 휩쓸리기 직전의 조그만 배 세 척과 배를 삼키기 직전 가장 높은 지점에서 정지한 날카로운 발톱을 지닌 듯한 파도의 모습을 역동적으로 표현하고 있다. 이어령교수는 이 작품에 대해 그의 저서 『축소지향의 일본인』에서 몰아치는 거친 파도와 정지된 파도의 포말을 비유해 '시간을 축소한 일본인의 정서'라 평하기도 했다. 드뷔시는 호쿠사이의 이 그림에서 영감을 얻어 교향시 <바다>를 작곡했다고 하는데, 1905년에 출판된 그의 교향시 <바다> 악보 초판 표지를 호쿠사이의 이 그림을 그대로 차용하고 있다.

우타가와 히로시게도 에도의 100가지 풍경을 그린 <명소 에도백경(名所江戸百景)>을 남겼다. 이 중 가메이도 텐진(亀戸天神)

그림 2. 드뷔시의 교향시 〈바다〉 악보 표지(https://yahoo.jp/xe8eev)

을 그린 작품이 서양 화가들을 매료시켜 히로시게의 작품을 그대로 모방한 작품들을 남기고 있다. 히로시게가 그린 '가메이도 텐진 경내'라는 작품과 모네의 '수련 연못과 일본 다리'라는 작품은 색감을 다소 다르지만 똑같은 구도로 그려진 그림이다.

**그림 3.** 가메이도텐진 경내(히로시게)
(https://yahoo.jp/oq98bS)

**그림 4.** 수련 연못과 일본 다리(모네)
(https://yahoo.jp/bL1bWH)

그리고 가장 흡사한 그림은 히로시게의 '가메이도 매화정원'과 고흐의 '매화꽃'이다. 고흐는 일본 우키요에에 매료되어 히로시게의 원작을 그대로 충실하게 묘사했다. 히로시게의 이 작품이 고흐의 마음을 사로잡은 것은 첫 번째는 매화나무 가지와 꽃을 화면의 바로 앞쪽으로 배치하는 대범하고 기발한 구도였다. 또 한 가지는 붉은색에서 흰색으로, 다시 붉은색과 보색 관계에 있는 녹색으로 변화하는 색채의 선명함이나 평면적인 색의 변화에 매료된 것이다. 주변에 배치한 한자는 일본 취미를 표현한 것으로 장식에 지나지 않는다.

그림 5. 가메이도 매화정원(히로시게)
(https://yahoo.jp/WcdN3K)

그림 6. 매화 꽃(고흐)(https://yahoo.
jp/LRmSkM)

히로시게와 고흐의 위의 두 작품도 매우 흡사한 구조로 그려졌다. 두 작품의 구도는 거의 변화가 없다. 다만 고흐의 그림이 유채화이기 때문에 히로시게의 우키요에보다는 입체감이 표현되어 있다. 또한 자포니즘 이전의 회화에서는 지평선의 위치가 화면 중앙부터 아래쪽으로 수평으로 표현되는 것이 일반적이다. 하지만 자포니즘 이후에는 지평선이 화면 위쪽에 그려지거나 배경 전부가 지면이 되는 것이 보통이다. 이러한 자포니즘의 영향은 20세기가 되면 유럽의 모든 시각 표현의 일반적인 현상이 된다.

### 자포니즘(Japonisme)

일본의 우키요에는 어떻게 유럽 화가들에게 영향을 미치게 되었을까? 일본의 우키요에가 유럽에 처음 소개된 것은 1867년 프랑스 파리 만국박람회로, 여기에 일본의 풍속화가 전시되면서 인기가 폭발했다. 이후 유럽의 인상파 화가들을 중심으로 기존의 사실적인 작풍에서 벗어난 자

**그림 7.** 아타케다리에 내리는 소나기(히로시게)(https://yahoo.jp/WVgad9)

**그림 8.** 비 내리는 다리(고흐)(https://yahoo.jp/vpOMYD)

유로운 화풍을 추구하는 움직임이 있었고, 이는 단순한 '일본 취미'에 그치지 않고 일본 취미를 예술 안에서 살려내고자 하는 미술운동으로 발전했다. 19세기 유럽에서 30여 년 이상 지속적으로 일본을 동경하고 선호하는 일본 문화 심취 현상을 자포니즘이라 한다. 프랑스의 번역가 루이 파뷰레는 자포니즘에 대해 "일본은 거인과 같이 큰 걸음으로 세계에 등장하여 오늘날 세계인들의 눈이 이 나라에 쏠려 있다."고 평했다. 모네는 그의 아내 까미유를 모델로 삼아 <라 자포네즈(La Japonese, 일본풍)>를 그렸다. 이 작품은 <기모노를 입은 까미유>라고도 하는데, 일본의 미인도에 나오는 전형적인 구도를 차용하고 있음을 알 수 있다. 그 외에도 드가나 피사로같은 인상주의 화가들의 색채 감각에도 많은 영향을 주었다.

인상파 화가 중 우키요에의 영향을 가장 많이 받은 것은 아마도 빈센트 반 고흐일 것이다. 고흐의 삼촌 얀은 일본 체재 경험이 있었으나 고흐가 삼촌을 통해 일본을 접했다는 근거는 특별히 없다. 고흐가 일본에

관심을 갖게 되는 것은 1886년 파리에 이주
한 후라고 한다.

파리로 이주한 고흐는 화상(畫商) 빙의
가게에서 대량의 우키요에를 보고 선명한
색채에 매료된다. 1880년대 파리는 자포니
즘의 전성기였다. 1886년 5월에 간행된 『파
리 일루스트레(Paris illustré)』[2]는 일본문화
특집호로 만들어졌다. 표지에는 케사이 에
이센(渓斎英泉)의 우키요에 '운룡(雲龍) 무
늬 겉옷을 걸친 기생'을 사용했는데, 고흐가
이것을 모티브로 '일본풍의 기생'을 그렸다.

**그림 9.** 모네의 '라 자포네즈
(일본풍)'(https://yahoo.jp/
2-NciW)

**그림 10.** 〈파리 일류스트레〉 표지
(https://yahoo.jp/cgdcqd)

**그림 11.** 일본풍 기생(고흐)
(https://yahoo.jp/tA30Gd)

---

2) 1883년에 월간지로 창간한 프랑스의 일러스트가 들어간 잡지

이즈음부터 고흐는 일본과 일본인을 이상적인 것으로 생각하기 시작했다. 그는 우키요에의 선명한 색채를 찾아 '프랑스 안의 일본'인 남프랑스로 떠났다. 1882년 2월 남프랑스의 아를에 도착한 고흐는 눈이 내린 풍경을 보며 "마치 일본 화가들이 그린 겨울 풍경 같다." "이 대지가, 공기가 투명하고 밝은 색채 효과로 내게는 일본처럼 아름답게 보인다."고 기록하고 있다. 고흐에게 남프랑스는 일본 그 자체였다. "여기에서 더이상 우키요에는 필요 없다. 눈앞에 있는 것을 그리기만 하면 된다."고 할 정도였다. 이곳의 햇살에 강렬해질수록 고흐의 그림도 우키요에처럼 선명한 색이 되었다.

고흐는 동생 테오에게 보낸 편지에 "나의 모든 작품은 일본으로부터 영향을 받았다." "아를은 화가의 천국이자 절대적인 일본이 될 것이다." "일본인들은 자연 속에서 마치 꽃처럼 살고 있다. 일본 미술을 배우기 위해서는 더 즐겁고 더 행복해져야만 한다. 또 우리는 교육과 관습의 틀이 만들어낸 우리 자신을 버리고 자연으로 되돌아가야만 한다." "일본 미술은 일본 자국에서는 퇴폐했더라도 프랑스 인상주의 작가들 사이에서 다시 그 뿌리를 박고 있구나."와 같은 일본과 일본 예찬론을 펼치고 있다. 고흐는 실상과는 관계없이 일본인들은 꽃처럼 자연 속에서 살며 다른 사람들과 형제처럼 생활하는 가난하지만 소박한 사람들이라고 생각하고 있었던 것 같다. 다시 말해 그는 자신의 예술적, 사회적, 종교적 사상을 일본인에게 투영하고 있었던 것이다. 하지만 1890년대 근대화된 일본은 더 이상 낙원이 아니었고, 많은 사람들이 '일본에 대한 환상'에서 깨어나게 되었다. 1890년 7월 28일 고흐에게 일본에 대한 꿈을 불어넣었던 화상 빙이 대우키요에 전시회(大浮世絵)의 공적을 인정받아 레지온 드느루 훈장을 수여받은 날 고흐는 오베르의 다락방에서 권총으로 자살했다.

고흐의 여러 작품 중 <탕기 영감님>라는 초상화는 배경에 7개의 우키요에가 그려져 있다. 모델이 된 줄리안 프랑소아 탕기(Julien François Tanguy, 1825년~1894년)는 파리에서 그림 재료 및 화상을 운영하고 있었다. 젊은 시절에는 파리 코뮌3)의 일원으로 참가하여 체포된 적도 있었다. 그 때문에 탕기는 가난한 예술가들에 대한 이해가 깊어 그림으로 재료비를 받기도 했었다. 그의 가게에는 고흐를 비롯한 인상파나 포스트 인상파의 무명 화가들이 다수 드나들었다. 그는 화가들 사이에 '탕기 영감님'라는 애칭으로 불렸다. 탕기는 고흐의 장례식에 참가한 몇 안 되는 사람 중 하나였다. 그가 죽은 후에 그의 그림을 전시하기도 했다고 한다.

이 그림은 거의 비슷한 시기에 2개의 작품이 존재한다. 그 외에도 탕기 영감님을 그린 1점을 포함해서 모두 3개가 있다. 1887년에 그린 작품은 로댕 컬렉션으로 현재 파리의 로댕 박물관에 보관되어 있고, 같은 해 겨울에 그려진 것은 스타브로스 니알코스 컬렉션으로 알려져 있으나 자세한 것은 잘 알려져 있지 않다.

**그림 12.** 탕기 영감님(https://yahoo.jp/~fef58)

이 그림의 가장자리에는 총 7개의 우키요에가 그려져 있는데, 제일 왼쪽 위쪽으로부터 시계 방향으로 히로시게의 <후지36경 사가미강>, 두 번째도 마찬가지 히로시게의 <동해도53

---

3) 파리 코뮌(Paris Commune, 1871년 3월 18일~5월 28일)은 파리 시민들이 세운 사회주의 자치 정부를 말함. 노동자 계급이 세운 세계 최초의 민주적이고 혁명적인 자치 정부로 역사상 처음으로 사회주의 정책을 실행에 옮겼다. 비록 존속 기간이 2개월이라는 짧은 기간에 불과했지만 이들의 활동은 사회주의 운동에 큰 영향을 주었다. 프랑스 제5차 혁명으로 분류하기도 한다.

**그림 13.** 탕기 영감님에 그려진 우키요에(https://yahoo.jp/-PdhMP)

쓰기 명소 도회 45번 이시야쿠시(石藥師)>, 세 번째도 히로시게의 작품 <동해도53쓰기 명소 도회 15번 유곽 후지노누마>, 네 번째는 앞서 서술한 케사이 에이센의 <운룡무늬 겉옷을 입은 기생>, 다섯 번째는 도요쿠니(豊国)의 게이샤 소키치(壯吉, 추정), 여섯 번째는 2대 히로시게의 <이리야(入谷) 나팔꽃>, 일곱 번째는 구니사다(国貞)의 <미우라야 다카오(高尾, 추정)>를 배치하고 있다. 가장 많이 모사한 작품은 히로시게의 작품으로, 고흐가 히로시게의 영향을 가장 많이 받았음을 보여준다.

이밖에도 폴 세잔의 <큰 소나무가 있는 생 빅투아르산>이나 고흐의 <꽃 핀 아몬드 나뭇가지>와 같은 작품들도 일본 우키요에의 영향을 받은 작품으로 꼽히고 있다. 고흐의 <꽃 핀 아몬드 나뭇가지>는 동생에게 아이가 태어난 것을 축하해서 그린 그림이다. 고흐는 동생에게 쓴 편지에 "이 아이를 위해 파란 하늘을 배경으로 하얀 꽃이 핀 아몬드 나뭇가지를 그리기 시작했다."고 하면서 이 작품이 회심작이라고 하고 있다. 고흐는 새로운 생명의 상징으로 아몬드 나뭇가지를 골랐다. 분명한 윤곽선, 화면 중앙에 나무를 둔 배치 등이 일본 우키요에의 영향을 보여주는 작품이다.

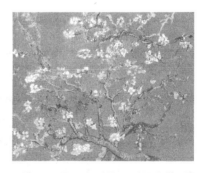

**그림 14.** 큰 소나무가 있는 생 빅투아르산 (폴 세잔)(https://yahoo.jp/jAYOI5)

**그림 15.** 꽃 핀 아몬드 나뭇가지(고흐) (https://yahoo.jp/B781jG)

## 2) 가메이도 텐진(亀戸天神)

호쿠사이나 히로시게와 같은 우키요에 화가들은 유럽 자포니즘에 많은 영향을 주었다. 이 중에서도 특히 히로시게의 영향은 지대하다고 할 수 있는데, 히로시게가 그린 <명소 에도 백경>중 가메이도 텐진의 다리와 매화를 그린 작품은 모네나 고흐와 같은 인상파 화가들에게 깊은 영감을 주었다. 그림의 배경이 된 가메이도 텐진은 어떤 곳인지 알아보도록 하겠다.

가메이도 텐진은 도쿄 가메이도(亀戸)에 있는 신사로, 학문의 신으로 추앙받는 천신(天神)인 스가와라노 미치자네를 주신(主神)으로 한다. 이곳은 스가와라노 미치자네를 모셔놓은 큐슈의 다자이후를 본떠서 만들었다. 앞서 살펴본 바와 같이 모네의 <수련 연못과 일본 다리>의 원전인 <가메이도 텐진 경내>는 <명소 에도 백경>의 58번째 그림이고, 고흐의 <매화꽃>의 원전인 <가메이도 매화 정원>은 30번째 작품이다.

**그림 16.** 가메이도텐진(https://yahoo.jp/p3ASEV)

**그림 17.** 가메이도텐진의 다이코다리와 등꽃(https://yahoo.jp/IwsC3Z)

가메이도 텐진의 매화 정원(우메야시키)에는 300여 그루의 매화를 심어 매화의 명소로 알려졌었다. 이곳은 아사쿠사의 이세야 히코우에몬의 별장이었다고 한다. 매년 2월 8일부터 3월 8일까지 매화 축제(우메마쓰리)가 열리기도 한다.

매화정원에서 가장 인기가 있는 매화나무가 '와룡매(臥龍梅)'이다. 와
룡매라는 이름은 미토번 2대 번주인 도쿠가와 미쓰구니가 이곳을 방문
했을 때, 매화 한 그루가 마치 용이 땅을 기어내려오는 듯 멋지게 피어
있어서 와룡매라 이름을 붙였다고 한다. 히로시게가 그린 매화가 바로
이 와룡매이다.

가메이도 텐진에 매화나무가 많은 것은 다자이후 텐만궁와 깊은 관련
이 있다. 스가와라노 미치자네를 모신 다자이후 텐만궁에는 '날아온 매
화나무(飛梅, 도비우메)'가 있다. 미치자네가 모함을 받아 규슈 다자이후
로 귀양을 오자 집에 있는 매화를 그리워하는 노래를 읊었더니 그 매화
나무가 하룻밤 만에 다자이후까지 날아왔다고 하는 전설이 있다. 그래서
다자이후와 관련된 가메이도 텐진이나 교토의 기타노 텐만궁에는 매화
나무를 심는 전통이 있는 것이다.

**그림 18.** 가메이도텐진의 우메마쓰리(https://
yahoo.jp/cmHwnU)

**그림 19.** 규슈 다자이후의 '도비우메'
(https://yahoo.jp/n2mu6q)

지금 매하 정원은 없어지고 '우메야시키(매화 저택)'라는 공연장을 운
영한다.

**그림 20.** 가메이도 우메야시키(https://yahoo.jp/4qR9Zqg)

**그림 21.** 우메야시키의 공연(https://www.kameume.com/)

이곳은 칡가루로 만든 갈분 떡이 유명하다.

그림 22. 후나바시야(https://yahoo.    그림 23. 갈분 떡(https://yahoo.jp/qbH-za)
jp/8iuJ37)

## 2) 〈명소 에도 백경〉 중 니혼바시

두 번째 '에도 명소'는 니혼바시(日本橋)이다. 히로시게는 <명소 에도 백경>의 첫 번째에 '니혼바시 눈 온 뒤 쾌청'이라는 제목으로 니혼바시를 그리고 있다. 니혼바시에 관한 그림은 두 개 더 등장한다. (43번 '니혼바시 에도바시'(43번), 44번 '니혼바시거리 1초메 약도')

그림 24. 니혼바시 눈 온 뒤     그림 25. 니혼바시 에도바시     그림 26. 니혼바시거리 1초
쾌청(https://yahoo.jp/DP    (https://yahoo.jp/I31kkJ)    메 약도(https://yahoo.jp/
UrJg)                                               cBFF0E)

니혼바시는 당시 모든 사람들이 주목하는 핫플레이스였다. 지금도 도쿄에는 '니혼바시'라는 지역명을 쓰는 곳이 21곳에 달한다. 이 중에서도 특히 니혼바시 1초메는 니혼바시에서 시작하는 동해도의 첫 구획으로 누구나가 동경하는 에도의 중심지였다. <니혼바시 거리 1초메 약도>에는 당시 이러한 활기 넘치는 니혼바시 거리를 다양한 색채로 표현하고 있다. 히로시게의 <니혼바시 어시장 번영도>에도 니혼바시 어시장에 모인 손님들의 모습은 물론 스미요시 춤을 추는 사람들, 길에서 소바를 파는 사람, 오이를 사세 해서 파는 사람 등 에도 풍속을 엿볼 수 있는 다양한 모습을 담고 있다. 가사이 호쿠사이의 <부악 36경>에도 니혼바시 어시장을 그린 그림을 볼 수 있다.

히로시게는 다른 작품에서도 니혼바시를 그리고 있는데, <동해도 53쓰기>라는 작품에서 동해도 여행의 출발점인 니혼바시를 첫 번째로 그리고 있다. <동해도 53쓰기>란 에도와 교토를 잇는 동해도의 53개 역참과 명소를 그린 작품으로 동해도 53쓰기 종착점은 교토 산조오하시(三条大橋)이다.

**그림 27.** 〈동해도 53쓰기〉중 니혼바시(https://yahoo.jp/L6ezgQ)

**그림 28.** 니혼바시 어시장 번영도(히로시게)(https://yahoo.jp/pOo7B1)

**그림 29.** 호쿠사이의 〈부악36경〉중 '니혼바시'(https://yahoo.jp/34oZy5)

### 니혼바시의 역사

니혼바시는 에도막부 개막과 동시에 성하마을(城下町)로 번성했던 곳이다. 이곳은 전국 각지에서 상인과 장인들이 모인 곳이어서, 전국으로 뻗어나가는 다섯 가도의 기점이 되었다.

니혼바시는 바다에 면해 있어 해상 운송이 편리한 곳이다. 그런 까닭

그림 30. 에도시대 다섯 가도(https://yahoo.
jp/11lnrM)

에 에도막부 시대 이곳은 대표적인 생선 도매시장으로 사람과 물자로 붐비던 곳이다. 지명의 유래가 된 다리는 1603년 에도막부를 연 도쿠가와 이에야스가 전국의 도로망을 정비하고자 하는 계획에 입각해서 만든 가교의 다리이다.

그림 31. 니혼바시 어시장 발상지(https:
//yahoo.jp/zziXHA)

그림 32. 니혼바시(https://yahoo.jp/Q9Z
m3D)

니혼바시는 일본 전국 도로의 기점이기도 하다. 일본 도로법에는 각 시도의 도로 시발점에 해당되는 도로에 '원표'를 설치하도록 의무화되어 있다. 니혼바시는 이 도로 원표의 기원이다. 1604년 도쿠가와 막부가 니혼바시를 다섯 가도의 기점으로 하면서 이곳이 전국 이정표의 기점이 되었다. 이곳은 또한 일본에서 터키, 불가리아의 북경을 잇는 '아시안 하이웨이' 1호선의 기점이 되는 곳이기도 하다. 아시안 하이웨이는 아시아 32개국을 횡단하는 전체 길이 20만km에 이르는 간선도로이다. 니혼

그림 33. 일본국 도로 원표(https://yahoo.
jp/uvcU06)

그림 34. 아시안 하이웨이 1호선
(https://yahoo.jp/BlhtcK)

바시를 출발점으로 하여 우리나라, 북한, 중국, 동남아시아, 인도를 거쳐
터키와 불가리아의 국경선을 종착점으로 한다. 종점은 유럽 고속도로망
과 연결되어 있으며 우리나라와 일본 사이를 연결하는 대한해협 노선은
카페리인 뉴 카멜리아호 등으로 연결되어 있다.

일본인들이 니혼바시에 갖는 애정은 각별하다. 에도시대 니혼바시가

그림 35. 에도 도쿄박물관(https://yahoo.
jp/0v_Khv)

그림 36. 에도 도쿄박물관의 니혼바시(https:
//yahoo.jp/U0oRCk)

**그림 37.** 하네다공항의 니혼바시(https:// yahoo.jp/ucIJ5Q)

**그림 38.** 하네다공항의 에도거리(https:// yahoo.jp/dB7UBt)

일본 가도의 중심으로 부상하면서 니혼바시를 일본의 관문으로 생각하는 경향이 강하기 때문이다.

도쿄 료고쿠(兩国)에 있는 에도 도쿄박물관 입구에는 니혼바시의 모형이 있다. 이곳을 통해 박물관으로 들어가도록 되어 있다. 즉, 니혼바시는 에도(도쿄)의 관문인 것이다. 또한 하네다공항 4층에서 5층으로 가는 곳에도 니혼바시 모형이 있어 에도시대 여행의 거점이었던 니혼바시를 여행 출발의 상징으로 재현하고 있다. 크기는 실제 크기의 반으로, 부근의 에도시대 거리를 재현해 놓은 '에도 거리(江戸小路)'와 함께 에도 정취를 느낄 수 있는 풍물이다.

## 2. 긴자의 모던문화를 이끈 미즈노 료

### 1) 모던 도시 긴자

#### 긴자 발상지 비

긴자는 일본 도쿄도 주오구에 위치한 도쿄를 대표하는 번화가이다. 긴자 한복판 티파니 긴자 점 앞에 은화 주조소로서의 '긴자 발상지 비'가

**그림 39.** 은화(https://yahoo.jp/NJ r6bB)

**그림 40.** 긴자 발상지(https://yahoo.jp/oET OwRx)

세워져 있는데, 긴자(銀座)는 원래 중세에서 근세에 접어들기까지 화폐의 주조를 담당하였던 곳에 붙이는 이름이었다. 긴자 지역은 원래 에도만을 매립한 곳이었는데, 긴자라는 지명은 에도막부가 1612년 은화 주조소를 슨푸성(駿府城, 지금의 시즈오카)에서 이곳으로 옮겨 온 데서 유래한다. 은화를 주조했던 '긴자'가 있던 지역이 그 지역의 명칭으로 정착되었는데, 에도 막부 시대의 도쿄 주오구의 긴자는 그 대표적인 예라 할 수 있다.

에도시대 은화 주조소가 있던 긴자는 메이지유신 이후 지방에서 상경하여 고급 주택지인 야마노테(山の手)지역에 사는 화이트칼라층이 모이는 개성적인 문화를 가진 지역이 되었다. 이에 따라 세련된 유럽식 건물들도 생기게 되었다. '시세이도 팔러'도 그 중 하나인데 '시세이도 팔러'는 긴자에서 조제 약국을 운영하던 시세이도사가 약국 옆에 운영하던 카페이다. 1902년 이곳에서는 점포 내에 '소다 파운틴'을 병설하여 당시로서는 보기 드문 소다수나 아이스크림을 판매해서 주목을 끌었다. 1928년에는 '시세이도 아이스크림 팔러'로 이름을 바꾸고 본격적인 양식 레스토랑을 개업했다. 1913년 3대 요리장이 간판 요리인 '미트 크로켓'을 고안해서 인기를 끌었다. 이곳은 당시 신문명의 첨단을 달리던 모던 보

**그림 41.** 시세이도 팔러 (https:
//yahoo.jp/S7IGSV)

**그림 42.** 긴자 시세이도 팔러의 크림 소다
(https://yahoo.jp/X0JOoX)

이, 모던 걸이나 예능인, 가부키 배우, 작가 등 많은 문화인의 사랑을
받았다. 당시 상류계급 사람들이 많이 이용했는데, 이곳은 선 볼 때 성공
률 1위라는 소문이 자자했다. 붉은 벽돌로 만든 건물은 스페인 출신의
건축가 리카르도 보필이 담당했다. 11층으로 된 이 건물은 1층과 11층
천정을 높게 만들고 4층과 5층은 가운데가 비어 있는 형태로 되어 있다.
2002년 굿 디자인상을 수상한 건물이다.

### 긴자의 모던 보이, 모던 걸(모보·모가)

태평양전쟁 이후에는 도쿄역이 만들어지면서 마루노우치가 발전하고
도쿄시 전철이 생기면서 백화점과 극장, 카페 등이 잇달아 등장했다. 전
쟁으로 황폐했던 긴자거리도 상인들의 노력으로 부흥하기 시작했고,
1964년 도쿄 올림픽 개최에 맞추어 고속도로가 정비되고 긴자 거리도
정비되었다. 긴자의 부흥은 쇼와 초기 아르 데코의 영향을 받은 '모던
보이(모보), 모던 걸(모가)'라 불리는 젊은이들이 거리를 활보하며 산책

**그림 43.** 긴자거리를 걷는 모던 걸 (1928년)(https://yahoo.jp/tl8GtC)

**그림 44.** 아련하게 취한 여성(https://yahoo.jp/nJMg6P)

하는 데서 유래한 '긴부라(긴자에서 어슬렁거리는 사람들)'의 전성기를 맞이한다. 모보, 모가의 출현은 다이쇼시대(1912년~1926년)의 '다이쇼 디모크라시'와 같은 자유로운 사회 분위기에 따른 것이다. 이 시기는 산업화의 영향으로 서구 문명이 급속히 유입되던 시기로 자유민권운동, 보통선거, 자유교육운동 등이 활발하게 진행되었다. 직업여성이 출현하기 시작한 것도 이때부터이다.

다이쇼시대는 일본이 1차 세계대전의 일원으로 참가하여 승전국이 된 시기로 일본은 경제적으로 풍요로워졌다. 일본 국내 사정도 경기가 좋아져 외국으로부터의 수입품도 증가하고 소비활동이 활발해졌다. 또한 산업 발전으로 인해 여성의 사회 진출이 가속화되어 직업여성도 급속하게 증가했다. 상류계급의 정장으로 한정되었던 양장이 산업화로 인해 젊은 사람들도 쉽게 입을 수 있게 되는 등 서구의 유행이 일본 사회를 바꾸어 놓게 된다. 이러한 다이쇼 디모크라시 현상으로 보통선거가 실시되고 자

그림 **45**. 배우 쓰쿠바 유키코 (https://yahoo.jp/uRC9bN)

그림 **46**. 배우 에노모토 겐이치(https: //yahoo.jp/IpcXH8)

유 교육운동, 고등교육이 일반 서민들에게도 확대되자 개인의 자유와 자아의 확대로 서양의 선진문화가 물밀듯 수입되게 된다.

당시 모던 걸, 모던 보이로 규정되는 사람들의 복장은 예를 들면 모던 보이는 서양식 모자와 안경, 지팡이를 짚은 모습으로, 에노모토 겐이치(榎本健一)는 "나는 동네에서 최고의 모보라 불리는 남자야, 파란 셔츠에 빨간 넥타이, 검은 모자에 로이드 안경, 폭이 넓은 바지"라 노래하고 있다. 여성(모가)은 무릎까지 오는 스커트(당시로서는 아주 짧은 편), 머리는 숏 커트, 가는 눈썹에 붉은색 루즈 등이 특징이었다. 당시 배우였던 쓰쿠바 유키코(筑波 雪子)를 모던 걸의 대표적인 여성으로 생각했다.

### 미유키족

태평양 전쟁 이후에는 철도가 발달함에 따라 철도 연선에 주택개발이 본격화하면서 시부야, 신주쿠, 이케부쿠로로 대표되는 부도심 철도 터미널 부근이 번성하기 시작했다. 이로 인해 1971년 맥도날드 1호점 개점,

그림 47. 긴자 미유키 거리(https://halmek. co.jp/qa/452)

그림 48. 미유키족(https://yahoo. jp/5IC2Sc)

1970년 보행자 천국 실시 등으로 도쿄 번화가의 문화 중심지였던 긴자는 점차 시부야나 신주쿠, 하라주쿠에 자리를 내주게 된다.

1964년에는 긴자에 미유키족이 출현한다. 미유키족이란 기존 질서에 얽매이지 않고 자유로운 사고나 행동을 보이는 청년들을 말하는데, 젊은 이들이 긴자 미유키 거리 부근을 돌아다녔던 데서 유래하는 용어이다. 남자들은 아이비 룩이나 콘티넨탈 룩을, 여성들은 롱 스커트 뒤에 리본 벨트를 매고 반으로 접은 손수건을 머리에 쓰는 스타일을 한 독자적인 패션문화나 스트리트 컬처를 유행시켰다.

1980년대 후반에는 버블 경기에 따른 땅값 폭등의 상징으로 긴자의 땅값은 천문학적으로 급등하여 고급 클럽으로 대표되는 밤 문화의 거리로 자리잡게 된다. 그 후 1990년대 후반 도쿄 외곽으로의 확장이 일단락되면서 도심 재개발 붐이 일어나 도심으로서의 긴자는 다시 주목을 받게 된다. 이때부터 고급 브랜드 상점들이 들어서기 시작한다. 2010년에는 중국인 관광객에 의한 고급 브랜드 쇼핑 붐이 일면서 외국인을 대상으로 한 면세점이 늘어났다. 현재도 긴자는 유행의 첨단을 달리는 핫 플레이스로서의 위치를 확고히 하고 있다.

## 2) '긴부라'와 카페 파울리스타

### 소요하기 위한 공간 긴자

긴자 거리를 거니는 사람들을 '긴부라'라 부른다. '긴부라'란 '긴자'와 일본어의 부라부라 아루쿠(어슬렁거리며 걷다)'의 합성어이다. 1923년 관동대지진으로 긴자 거리가 큰 피해를 입었는데, 그 후 대규모 정비를 통해 복원되고 동경역이 생기며 백화점과 극장, 커피숍들이 차례차례 등장하면서 크게 발전하게 되었다. 새로 정비된 모던한 긴자거리를 거니는 '긴부라'는 새로운 시대를 맞는 사람들의 이러한 로망을 반영하는 신조어이다. 그런데 최근 '긴부라'의 어원에 대해 다른 해석이 나왔다. 즉, '긴부라'란 '긴자의 카페 파울리스타(cafe Paulista)에서 브라질 커피를 마시는 것'이란 뜻이라는 것이다. 다이쇼시대(1912년~1926년)에 케이오대학 학생들이 긴자의 카페 파울리스타에서 브라질 커피를 마시는 것을 멋스럽게 생각해서 '긴부라'라 불렀던 것이 그 배경이다. 그러나 산세이도(三省堂) 국어사전 등에서 이야기하듯 이 설은 잘못된 것이라는 의견이 일반적이다.

### 카페 파울리스타

긴부라의 원조가 카페 파울리스타에서 커피를 마시는 것은 아니라는 설이 일반론이지만, 카페 파울리스타는 긴자의 모던 문화를 주도하는 데 큰 역할을 했던 곳이다. 1911년 개업한 카페 파울리스타는 커피 5전(錢)에 도너츠를 곁들여 먹는 것으로 서민들도 부담 없이 커피를 즐길 수

그림 49. 카페 파울리스타(https://yahoo.jp/Xjgc3w)

그림 50. 긴부라 증명서(https://yahoo.jp/70IZiHS)

있도록 하는 커피숍의 원조이다. '카페'는 포르투갈어로 커피란 뜻이고, 파울리스타(Paulista)는 '상파울로 사람'이란 뜻이다. 이 카페는 유명인들의 단골 가게로도 유명한데, 일본 최고의 문호인 아쿠다가와 류노스케도 자주 이용했다고 한다. 또 존 레논과 오노 요코도 일본에 오면 매일 이곳을 찾았다고 한다. 이곳에서는 '긴부라 증명서'도 발행하고 있다.

　이 가게를 연 미즈노 료(水野龍)는 1908년 일본 최초로 브라질 이민정책을 시행한 인물이다. 당시 브라질은 노예 해방으로 일할 사람이 없어서 세계 각국에 노동자를 보내줄 것을 호소했다. 당시 일본은 인구 급증에 따른 식량 부족, 러일전쟁에서 돌아온 귀환병의 실업 등이 심각한 사회문제로 대두되고 있었다. 이에 미즈노는 많은 일본인들을 데리고 인종 차별이 적고 식량이 풍부한 브라질에 이주하기로 결정했다. 미즈노를 포함한 최초의 이민자 781명은 당시 세계 커피 생산량의 50%를 차지하던 브라질 농장으로 떠났다. 그러나 임금 노동자와 노예를 구별하지 못한 농장주와 외국인 노동자 사이에 갈등이 속출하여 모두 자국으로 돌아가 버리고 말았다. 일본인들이 말도 통하지 않고 노예 대접을 받는 현실을 견디지 못하고 떠나자 미즈노도 많은 적자를 보게 되었다. 미즈노가 이민정책으로 많은 적자를 보게 되자, 브라질의 상파울로주에서 이런 미즈노의 이민사업에 대해 연간 1,500 가마의 커피콩을 무상으로 공여하기로 했다. 동시에 동양에 유일한 판매권을 주고 일본에 있어서의 브라질 커피 보급 사업을 위탁했다. 그리하여 미즈노는 1911년 정치가 오쿠마 시게노부등의 도움으로 브라질 상파울로주 전속 브라질 커피 판매소 '가페 파울리스타'를 설립하게 된다. 이로써 긴자에 많은 지식인들을 모이게 한 가페 파울리스타가 탄생하게 된다.

카페 파울리스타는 문학작품에도 다수 등장한다. 히라노 이마오의 수필집 『긴자 이야기』에는 카페 파울리스타에 대해 다음과 같이 묘사하고 있다.

> 브라질 커피 스트레이트를 한 잔 5전에 양껏 마실 수 있다. 동그랗고 두툼한 흰 도자기로 된 컵에 '별'과 '여신'의 얼굴이 정면에 그려진 마크가 그려져 있다. 그 마크는 지금도 내 눈 속에 각인되어 아련한 추억으로 남아 있다. 파울리스타에서는 커피 이외에도 한 접시에 15전하는 카레라이스가 맛있었다. 보이가 힘찬 목소리로 "카레라이스, 원!"이라고 영어로 소리치는 모습이 왠지 서양스러운 느낌이 들어 즐거웠다.
>
> (히라노 이마오 〈긴자 이야기〉)

**그림 51.** 미즈노 료(https://yahoo.jp/W8Gs2F)

아쿠다가와 류노스케도 파울리스타를 자주 이용했다. 카페 파울리스타의 바로 앞이 시사신보사였는데, 시사신보사 주간은 아쿠다가와의 친구이자 당시 문단의 거물 기쿠치 칸이었다. 아쿠다가와는 기쿠치에게 원고를 전해주기 위해 파울리스타를 만나는 장소로 자주 이용했었다. 그의 작품 『그 남자, 제2』에는 당시의 파울리스타 모습이 잘 묘사되어 있다.

그림 52. 긴자 시가(도쿄 100경)(https://www.kyobunkwan.co.jp/literatur/lit1)

어느 진눈깨비가 몹시 내리던 밤, 우리들은 카페 파울리스타의 테이블 한구석에 앉아 있었다. 그때 카페 파울리스타는 한가운데 그라모폰(축음기)이 한 대 있어서 흰 동전을 하나 넣으면 음악을 들을 수 있게 되어 있었다. 그날 밤도 그라모폰은 우리들이 대화하는 동안 거의 연주를 멈추지 않았다. "저기, 저 급사에게 통역 좀 해 주게나. 누구든지 5전 낼 때마다 내가 10전을 낼 테니까 축음기가 울리는 걸 좀 멈추게 해 주게나."

(아쿠다가와 류노스케 〈그 남자, 제2〉)

<도쿄 100경>에 묘사된 긴자 시가의 모습 왼편의 베이지색 건물이 시사 신보사이다. 카페 파울리스타는 이처럼 당시의 문인들이 만남의 장

그림 53. 카페 파울리스타의 로고 (https://yahoo.jp/9va Zo0)

그림 54. 카페 파울리스타의 커피 잔(https://yahoo.jp/IKUF0J)

소로 활용된 문화 공간이었다.

카페 파울리스타의 로고는 별 안에 여신을 그리고, 그 둘레를 커피 잎과 빨간 열매로 감싼 모습으로, 이는 상파울로 시의 상징 로고라고 한다. 백색으로 된 커피잔에도 이 로고가 새겨져 있다. 파울리스타는 일본에 처음 커피 문화를 정착시키면서 야마노테의 상류층과 문인들을 긴자에 모이게 하는 촉발제가 되었다.

## 3. 와세다와 게이오대학의 설립자 오쿠마 시게노부, 후쿠자와 유키치

### 1) 오쿠마 시게노부

#### 난학을 배우다

오쿠마 시게노부(1838년~1922년)는 일본 사가번 무사 출신의 정치가이자 교육자이다. 제8대, 제17대 내각총리대신을 역임하였으며, 와세다대학의 전신인 도쿄 전문학교를 설립한 인물이기도 하다. 그는 국민 계몽과 문화 발전을 위한 문명 운동을 펼친 사회 교육가이자 근대 사상가로 꼽히는 인물이다.

그는 사가 번사 오쿠마 노부호의 장남으로 태어났다. 사가번은 주자학이 융성했던 곳으로, 일곱 살 때 그는 번교인 고도칸에 입교하여 한학을 배웠다. 그러나 이곳에서 가르치는 유교이념이 시대에 동떨어져 있으며, 난학과 영어 등 서양 학문도 도입해야 한다고 반발하여 동료와 함께 번교의 개혁을 주장하기도 하였다. 이 때문에 퇴학당하고, 후에 국학자에게서 일본의 전통사상인 국학을 배웠다. 이후 번의 네덜란드 학문 교습소인 난학료에 입학하여 화학, 포술, 정치, 법률과 같은 서양 학문을 공부했다. 이때 그는 서양의 군사 기술만이 아닌 제도와 법률, 문화의 우수성

그림 55. 오쿠마 시게노부
(https://yahoo.jp/YcuGRk)

그림 56. 사가번 번교 고도칸 터(https://yahoo.
jp/OQFDUG)

을 깨닫고 훗날 입헌주의에 기초한 정치개혁과 국가 운영에 대한 사상적
기초를 다졌다.

그는 또한 막부를 전복하고 왕정복고를 추구하는 존왕파로 활동하였
다. 1867년 막부의 쇼군 도쿠가와 요시노부에게 하야를 권고하려고 상경
하던 중 체포되어 사가로 송환되었다.

### 신정부에 등용됨

메이지유신이 성공하자 존왕파였던 오쿠마는 외국사무국의 판사(담
당자)에 임명되었다. 그리스도 교도의 처분문제로 영국 공사 파크스와
격렬한 토론을 벌이기도 했다. 그 후 내무부장관(大蔵卿), 외무부 장관,
농상공 장관을 역임했고 그레고리력의 도입, 철도 부설, 도쿄전문학교
(후의 와세다대학) 개설 등 다양한 공적을 쌓았다. 재정업무를 담당하면
서 화폐제도를 정비하고 번과 막부의 채무, 관리의 녹봉 정리, 군비 증강
에도 힘썼다.

당시 메이지 정부의 정권 독점에 대립해 국회 개설을 요구하는 자유민
권운동이 벌어졌다. 1881년 오쿠마는 이에 동조하여 영국식 의회 정치를

모델로 한 헌법 제정과 국회 개설안을 제출했다. 이후 정책 차이를 둘러싸고 이토 히로부미 및 사쓰마 파벌과 대립하게 되었고, 오쿠마는 재정 운용의 실패로 해임되었다.

### 도쿄전문학교 설립

관직에서 물러난 오쿠마는 국회 개설에 대비해 1882년 입헌개진당을 창당했다. 그리고 그 해 10월 현재 와세다대학의 전신이 되는 도쿄전문학교를 창립했다. 도쿄전문학교에서는 정치, 경제, 법률, 자연과학, 영어를 가르쳤으며, 1902년에 와세다 대학으로 승격되어 정재계에 수많은 인재를 배출했다.

개교 당시 참석했던 일본의 법학자인 오노 아즈사는 개회사에서 도쿄전문학교를 설립한 이유에 대해 다음과 같이 설명하고 있다.

> 일국의 독립은 국민의 독립에 기초하며, 국민의 독립은 정신의 독립에 뿌리를 두고 있다. 하여 국민정신의 독립은 실로 학문의 독립에 의해 달성되므로, 그 나라를 독립시키고자 한다면 반드시 먼저 학문을 독립시키지 않으면 안 된다. 이것이 자연의 이치이고 기운의 흐름이다.

한 나라의 독립을 위해 국민들에게 학문을 가르치는 것의 중요성과 학문의 독립성을 설파하고 있다. 개교 당시 학생 수는 78명이었으나 연말에는 152명이 되었다. 개교 당시에는 정치 경제학, 법률학, 영문학, 이학의 4개 학과가 있었고, 이어서 문학과가

**그림 57.** 도쿄전문학교(https://yahoo.jp/zBo9su)

**그림 58.** 개교 당시 도쿄전문학교 학생과 교원 (https://yahoo.jp/Wdx11E)

**그림 59.** 도쿄전문학교(https://yahoo.jp/6R47xU)

개설되었다.

## 정계 진출

오쿠마의 외교 능력을 높이 평가하던 당시의 총리 이토 히로부미는 서구 열강과 맺은 불평등조약을 개정하기 위해 1888년 정적이었던 오쿠마를 외무대신으로 임명했다. 같은 해에 구로다 기요타카가 다시 총리에 취임하고 구로다 내각에서도 외무대신을 맡게 된 그는 외국과의 조약 개정을 맡아 국가별 교섭에 나섰다. 일을 진행하는 와중에 외국인 법관의 대심원 임명과 같은 조약 개정 내용이 누설되자 수치스러운 개정이라는 여론이 생겼다. 결국 시게노부는 극우단체 소속 구루시마 쓰네키가 던진 폭탄에 피해를 당해 오른발을 잃고 사퇴했다. 그에게 폭탄을 던진 구루시마 쓰네키는 서양 세력과의 불평등조약 개정에 나선 오쿠마의 무력함에 격분해 폭탄테러를 저지르고 자살했다. 구루시마에 대해 오쿠마는 다음과 같이 이야기하고 있다.

나는 그가 미친놈 혹은 혐오스러운 사람이었다고 생각하지 않는다. 그를 오늘날 일본의 약골 청년들과 대비할 수 있다. 이 녀석들은 빵만 탐하고,

흐느껴 울면서 여자만을 밝힌다. 이에 비하자면 그는 진정으로 훌륭한 사람이었다. 비록 만용이었지만 나는 이 용감한 자로부터 감동을 받았다. 그는 외무장관인 나에게 폭탄을 던짐으로써 대중을 각성시켰다. 무릇 청년이라 함은 그 끝을 모르는 열정을 가지지 않으면 안 된다. 전 세계를 집어 삼킬 정도로 충분히 강해야 한다.

**그림 60.** 폭탄을 던지는 구루시마 쓰네키
(https://yahoo.jp/WXw1Kw)

자신에게 폭탄을 던진 구루시마이 행동을 젊은이의 패기라 칭찬하는 호탕함을 보여주고 있다. 결국 오쿠마는 이 사건으로 외무대신을 사임하게 된다.

1896년에 오쿠마는 다시 외무대신에 임명되었으나 사쓰마 파벌과 대립 끝에 사임하고, 헌정당을 창당해 1898년 일본 최초의 정당 내각인 오쿠마 내각이 탄생했다. 헌정당은 그해 8월 총선에서 의석의 88퍼센트를 차지했으나, 곧이어 내분이 발생해 4개월 만에 내각이 해체되었다. 그는 한 번도 의정 단상에 오르지 못한 채 자리에서 물러난 총리가 되었다.

이후 정계에서 은퇴한 오쿠마는 전국 각지에서 대중 연설과 강연을 통해 국민 계몽에 앞장선다. 그는 '가족과 조화를 기반으로 한 일본의 민족정신을 기초로 현재의 세계 사조를 조화, 융합하여 사회 개조를 이루고, 이를 바탕으로 전 인류를 인도하여 세계 개조를 이룬다.'는 <동서 문명론>을 내세워 동서 문명의 조화를 주장했으나, 이에 대해서는 제국주의 사상의 변용이라는 비판도 존재한다.

## 와세다대학 총장에 취임

1907년 오쿠마는 와세다 대학 총장에 취임했다. 이어 1908년에는 문명협회를 설립하여 국민 계몽에 더욱 힘을 쏟았다. 미국, 유럽 등지의 명저를 번역, 출판하고 강연했으며, 정치, 경제, 역사, 교육, 여성 문제, 산업, 국가 등 사회 모든 분야를 다루며 50여 권에 이르는 저술 활동을 해 나갔다. 1922년 사망하자 장례는 국민장으로 치러졌고, 영결식에는 약 30만 명의 시민들이 추모하기 위해 몰렸다. <호치신문(報知新聞)>에 의하면 가두에 100만 명의 인파가 도열했다고 전해진다.

## 2) 와세다대학

와세다대학은 1882년에 개교했다. 교훈은 오쿠마 시게노부의 지론대로 '학문의 독립'이다. 와세다대학의 전신은 1882년 오쿠마 시게노부가 설립한 도쿄전문학교로, 1902년 종합대학으로 승격되면서 와세다대학으로 명칭을 바꾸었다.

**그림 61.** 오쿠마 동상과 오쿠마 기념 강당 (https://yahoo.jp/pBn3np)

제2차 세계대전 때 도쿄에 투하된 폭탄 피해로 대학 시설이 파괴되어 문을 닫았다가 재건을 통해 1949년 다시 문을 열었다. 와세다대학교는 문학·정치학·경영학 분야에서 명성을 얻고 있다. 대학에는 정치경제학부, 법학부, 문화구상학부, 문학부, 교육학부, 상학부, 기간이공학부, 창조이공학부, 선진이공학부, 사회과학부, 인간과학부, 스포츠과학부, 국제교양학부 등 13개 학부가 있다. 학생수는 2019년 기준 학부 8,802명(유학생

**그림 62.** 도덴(都電) 아라카와선(https://yahoo.jp/zZp3WO)

**그림 63.** 도덴 내부(https://yahoo.jp/4Z6pem)

324명), 대학원 3,017명(유학생 701명), 합계 11,819명으로 집계된다.


### 도덴 아라카와선(都電荒川線)

일본의 도시에는 노면에 깔린 궤도 위를 달리는 전차가 운영되는 곳이 있다. 히로시마, 나가사키, 마쓰야마 등지에 노면 전차가 있는데 도쿄의 노면전차는 도덴 아라카와선이라고 한다. 도덴(都電)이란 도쿄도에서 운영하는 전차라는 뜻이다. 이 전차는 아라카와구의 미노와바시 정류장에서 신주쿠구의 와세다대학까지 운행한다. 1903년부터 도덴은 아라카와 이외의 많은 노선을 운행하고 있었으나, 1960년대 이후 자동차와 지하철의 발달로 이용자의 감소와 채산성 악화가 심화되었다. 1972년까지 아라카와를 제외한 모든 노선이 지하철과 도영 버스로 전환되고 폐지되었지만, 1974년 아라카와선의 영구 존속이 결정되어 오늘에 이르고 있다. 한 량(兩)으로 운영되는 레트로풍의 조그만 전차로 관광객들에게도 인기가 있다.


### 오쿠마정원

와세다대학 안에는 오쿠마정원이 있는데, 이곳은 에도시대 후기 히코

**그림 64.** 오쿠마 정원(https://yahoo.jp/qykoRh)

**그림 65.** 오쿠마 정원(https://yahoo.jp/dIVT-d)

네번 이이 가문과 다카마쓰번 마쓰다리라 가문의 시모야시키가 있던 곳이다. 그때 만들어진 다이묘정원이 오쿠마정원의 기초가 되었다. 오쿠마정원은 '지천회유식 정원'으로, 큰 연못을 중심에 배치하고 그 주변에 길을 만들어 산과 연못에 작은 섬, 다리, 바위 등으로 각지의 경승지를 재현하는 방식으로 조성되어 있다. 정원의 면적은 3,000 평방미터 정도이다. 메이지유신 이후 소유자가 계속 바뀌다가 1874년 오쿠마 시게노부의 소유가 되어 이곳을 별채로 사용했다.

1882년 오쿠마는 바로 옆에 도쿄 전문대학을 개설하기 위한 용지로 이곳을 구입했다. 1884년에 이곳을 본채로 사용하면서 원예에 관심이 많았던 오쿠마는 정원을 개수하여 온실을 만들어 서양 난이나 멜론을 키우기도 했다. 1922년 오쿠마가 죽자 정원은 와세다대학에 기증되어 일반인에게 공개되었다. 1945년 5월에는 연합군의 도쿄 공습으로 심각한 피해를 입었지만 전후 거

**그림 66.** 한국의 에밀레종과 종각(https://yahoo.jp/BniLi2)

의 복구되었다.

오쿠마정원에는 에밀레종이 있다. 에밀레종 실제 사이즈의 2분의 1로 축소해서 만든 복제품이다. 이 종은 1983년 와세다대학 창립 100주년을 기념해서 한국 교우회 모임에서 기증한 것이다. 원래 오쿠마 기념 강당에 전시되어 있었지만, 대학 창립 125주년을 기념해 한국 교우회에서 오쿠마 정원에 한국 전통 양식의 종루를 기증해 2004년에 에밀레종을 이전했다고 한다.

### 3) 후쿠자와 유키치

후쿠자와 유키치(1835~1901)는 일본 개화기의 계몽사상가, 교육가, 저술가이나, 우리에게는 '탈아론(脫亞論)'으로 더 잘 알려진 인물이다. 그는 정치, 경제, 사상, 문화 등 전 분야에서 아시아를 벗어나 유럽을 따르자는 탈아론을 주장하여 일본 제국주의의 사상적 기반

**그림 67.** (구) 만 엔 권의 모델 후쿠자와 유키치(https://yahoo.jp/k3uAyA)

을 마련했다. 후쿠자와의 '탈아론'중 악우란 중국과 조선을 일컫는 것으로, 그는 중국과 조선을 서구 열강들이 하는 방식으로 상대해야 한다고 주장했다. 하지만 그도 처음에는 아시아 연대론자였다. 그는 조선과 청나라를 일본보다 낮은 국가로 보고 있었지만, 힘을 키워 아시아를 부흥시켜 서구 세력을 견제하고자 했다. 그러나 갑신정변의 실패를 보고 역시 아시아인들은 우매하다고 규정하여 그들과 함께 문명개화를 하기는 어렵다고 생각해 '탈아론'을 주장하게 되었다. 무력에 의한 문호 개방과 통상을 정당화하고, 더 나아가 식민지로 삼을 수도 있다는 그의 주장은

정한론과 맞물려 제국주의적 침략 사상의 토대를 세웠다. 하지만 일본에서 그는 서구의 자연과학과 같은 학문과 국민계몽을 강조하여 메이지시대 일본 근대화의 초석을 만든 사람 중 하나로 평가받고 있다.

### 성장과정

후쿠자와는 1835년 나카쓰번(현 오사카) 하급 무사 후쿠자와 햐쿠스케의 2남 3녀의 막내로 태어났다. 아버지는 성리학적 소양을 갖춘 유학자였으나 명문가의 자손이 아니었고 배경도 없는 하급 무사 가문 출신이었기 때문에 시골 나

**그림 68.** 오사카에 있는 후쿠자와 유키치 탄생 기념비(https://yahoo.jp/5ox3oh)

카쓰번의 회계 담당 관리자 겸 창고지기로 살다가 44세의 젊은 나이에 세상을 떠났다. 그의 형도 재능 있는 유학자였으나 신분 때문에 인정받지 못하고 일찍 죽었다. 이로 인해 후쿠자와는 '신분사회의 문벌 제도는 부모의 원수였다'고 회상하곤 했다. 그의 아버지는 그가 승려가 되길 원했지만 그는 앞길을 생각하여 19세 때 나가사키에 가서 난학(蘭学, 네델란드 학문)을 배우기로 결심했다. 그러나 1859년 요코하마로 여행을 갔을 때 개항지 요코하마에서는 외국인 상점이 많고 이들 사이에서는 주로 영어가 통용되고 있는 것을 보고 앞으로의 시대에는 영어가 필요할 것이라고 생각했다. 그래서 그는 난학을 그만두고 영어를 공부하기 시작했다.

1860년 후쿠자와는 막부의 해외 사절단으로 미국을 방문했다. 그런 한편 도쿄에 영어 학당을 세워 학생들을 가르치고 막부의 번역국에서 일하면서 『서양사정(西洋事情)』 등을 펴냈다.

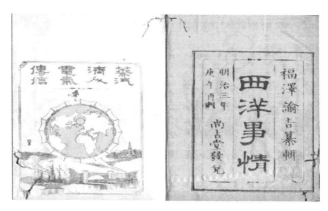

**그림 69.** 〈서양사정〉 (https://yahoo.jp/h8RlH8)

후쿠자와는 총 세 번에 걸쳐 미국과 유럽을 방문하여 자신이 목격한 열차, 기관차, 기계 등 새로운 문물을 접하고 일본으로 돌아와 이를 소개하고 일본으로의 도입을 적극적으로 주장했다. 또한 "나는 어떻게든 양학(洋學)이 성행하도록 하여 반드시 일본을 서양과 같은 문명 부강국으로 만들겠다는 야심을 품고 있었다."고 회고했다. 그는 서구 문물과 근대적인 정치 체제, 자본주의 등을 보고 접하면서 서양의 자연과학과 독립심에 대해 크게 감명을 받았다. 그는 자신의 자서전에서 다음과 같이 이야기하고 있다.

> 동양에는 유형의 것으로는 수리학, 무형의 것으로는 독립심 이 두 가지가 없었다. 정치가가 국사를 처리하는 것도, 실업가가 상거래와 공업에 종사하는 것도, 국민에게 보국의 생각이 많고 가족이 단란한 정으로 충만한 것도, 그 유래를 따져보면 자연히 그 근본을 알 수 있다. 비근한 예를 들면 지금의 이른바 입국이 그렇고 확대해서 말하면 인류 전체가 그렇듯이 인간 만사는 수리를 빼놓고는 논할 수 없으며 독립 외에는 의지할 곳이 없다는 소중한 진리를 우리 일본에서는 가볍게 여기고 있다.
>
> (후쿠자와 유키치의 자서전)

또한 '일신독립해야 일국독립한다'는 지론으로 개인이 가족과 사회로부터 독립하여 독립된 인격체로 살아가야 독립된 사회를 이룰 수 있다고 역설했다.

1872년에 완성된 『학문의 권유』 서두에서는 인간은 누구나 평등하다는 것을 강조했다.

> 하늘은 사람 위에 사람을 만들지 않고 사람 밑에 사람을 만들지 않는다.

> 배우지 않으면 지식이 없고, 지식이 없다면 우매해진다. 현명한 사람과 우매한 사람의 차이는 바로 교육에 있다.

> 인민들이 폭정을 피하고 싶으면 학문에 정진하여 재주와 덕행을 높임으로서 정부와 동등하게 상대할 수 있어야 한다. (『학문의 권유』 중)

후쿠자와는 자신의 가족사에서 뼈저리게 느꼈던 신분제의 폐해를 타파하고 만인의 평등을 위해서는 교육, 즉 계몽이 우선시되어야 한다고 역설했다. 그는 서양 열강으로부터 일본의 독립을 지키기 위해서는 개개인이 학문을 통해 독립해야 한다고 주장했다. 그리고 또 다른 학문의 목적은 정부로부터 인민이 독립하기 위함이라고 하고 있다.

그림 70. 학문의 권유 (https://yahoo.jp/xPkh82)

메이지 유신 선언 이후 그의 동료들은 신정부에 관여했지만 그는 입각을 거부하고 인재 양성을 위해 게이오 의숙(慶應義塾)을 설립했다. 1868년 6월에는 막부에 사직서를 제출하고 본격적인 학교 운영에 힘썼다. 그는 국민의 대표자를 선발하는 의회 제도의 도입과 의회주의에 입각한 입헌군주제 정부, 국민에 대한 초등학교 보통 교육의 국가 지원, 국민의 언어 교육 향상과 언어의 현대화 개혁, 여성의 권리 보장 등에 대해 그 필요성을 역설하는 계몽 강연 활동에도 힘을 쏟았다.

### 문화, 문명사회의 개념

후쿠자와는 일본 사회에 문화 또는 문명화의 개념인 시빌리제이션 (civilization)이라는 개념을 도입하였다. 시빌리제이션은 시민(civilis)에서 파생된 것으로 성 안에 사는 사람, 시민권을 가진 사람이라는 라틴어에서 유래한 말이다. 그는 일본이 문명화된 사회가 되기 위해서는 문명국들과 어울리고 그들을 본받아야 된다고 역설하였다. 동시에 그는 일본이 선도자가 되어 동양의 다른 국가들을 문명으로 이끌어야 된다고도 역설했다. 그의 책 『문명론의 개략』에서 그는 국가의 독립에 있어 '문명'이라는 개념이 매우 중요하다고 생각하고 있다.

> 문명에 선진과 후진이 있는 이상 앞선 자는 뒤진 자를 지배하고 뒤진 자는 앞선 자에게 지배된다. 서양 제국의 존재를, 문명의 양상을 알고 난 후 자신의 문명이 그들에게 미흡하다는 것을 알게 되었을 때 우선 느끼게 되는 것은 자국의 독립은 어찌 되겠느냐는 문제가 아닐 수 없다.
>
> (후쿠자와 유키치의 〈문명론의 개략〉 중에서)

현실적으로 앞선 서구 문명을 받아들일 수밖에 없다는 현실, 그 속에서 일본의 독립이 위협받고 있음을 절감했던 것으로 보인다. 다만 이런 그의 지론이 우리나라나 중국에 대한 침략사상으로 변절되게 된 것은 매우 유감이 아닐 수 없다. 하지만 일본 입장에서 보면 서구 열강의 제국주의가 팽배하던 시대에 깨인 지식인으로서 현실적 감각을 가지고 일찌

감치 서양 문물을 받아들이고 교육으로 내부의 힘을 기르고자 했던 그의 통찰력은 평가할만 하다고 하겠다. 후쿠자와의 이러한 인식은 당대 일본 사회에 많은 영향을 주어 유교 정신에서 탈피하여 서양문명을 적극적으로 수용하는 근대의 흐름을 만들어냈다.

**그림 71.** 문명론지개략 (https://yahoo.jp/aywHWv)

그는 서구의 단어 liberal 혹은 liberalism을 '자유'라는 단어로 해석하기도 했다. 자유(自由)라는 한자어는 불교 용어를 참고해서 만들어졌다고 전해지는데 억압되지 않는 것, 자기 스스로 권리를 향유하고 누리는 것에 대해 자유라는 이름을 명명하였다. 이를 통해 동아시아에서 자유라는 개념이 최초로 등장했다.

### 조선인 유학생과의 관계

후쿠자와는 조선의 김옥균, 박영효, 유길준, 윤치호, 서재필과 같은 개화기 사상가나 최남선, 이광수와 같은 문인 등 국내 개화파 지식인에게 지대한 영향을 미쳤다. 그는 1882년 임오군란 후 조선에서 청나라 세력이 확대되자 조선의 급진개화파를 지원해서 그들이 스스로 국내 개혁을 추진해야 한다고 생각했다. 후쿠자와는 당시 조선이 일본의 메이지 유신 직전의 상황과 흡사하다고 보고, 조선에서 개혁을 실시한다면 자유주의적인 영세중립국으로 발돋움할 수 있다는 생각에 이들을 지원했다. 1875년 그가 저술한 『문명론의 개략』이 조선에 입수되면서 그가 일본의 문명개화의 주역이라는 것이 조선에 알려졌기 때문에 조선의 개화 인사들은 그를 찾아가 가르침을 청했다. 후쿠자와는 조국을 개혁하겠다는 이들의 애국심을 높이 평가하여 이들을 적극 후원했다.

1882년 임오군란이 발발하자 후쿠자와는 요코하마 정금 은행에서 17만원의 대출금을 얻어 조선 측 배상금의 일부를 대신 납부해주기도 했다. 갑신정변 당시 후쿠자와는 프랑스 공사의 함대에 일본 자유당의 민병대 청년들을 보내 김옥균 일파를 지원하려고 했지만 이토 히로부미의 반대로 무산되고 만다. 그러나 1884년 갑신정변의 실패는 그의 기대를 저버렸다. 개화파 인사들에 대한 혹독한 형벌과 연좌제를 보고 비분강개하여 식음을 전폐하고 아까운 인재들을 잃었다며 대성통곡했다

1885년 후쿠자와는 시사신보에 '탈아론(脫亞論)'내지는 '탈아입구론(脫亞入歐論, 아시아를 벗어나 유럽으로 들어간다는 논)'을 발표했다. 탈아론은 중국과 조선을 서구 열강들이 하는 방식으로 상대해야 한다고 주장하면서 무력에 의한 문호 개방과 통상을 정당화하고, 더 나아가 식민지로 삼을 수도 있다는 주장이다. 이는 사이고 다카모리 등이 주장한 '정한론'과 맞물려 제국주의적 침략사상의 토대를 세웠다. 그의 주장들은 여러 저술에서 피력하는 문명론이나 사회 전반에 대한 깊이 있는 견해와는 너무나 동떨어진 극단적인 내용이어서 일본 내에서 평가받는 뛰어난 저술가, 교육자로서의 그의 면모를 의심하게 만든다.

나는 진심으로 아시아 동방의 악우(惡友)를 사절하는 바이다. 정치, 경제, 사상, 문화 등 전 분야에서 아시아를 벗어나 유럽을 따르자.
서양문명의 유행은 막을 방도가 없다. 일본은 문명화를 받아들여 아시아에서 새로운 축을 마련했다. 그 이념이 '탈아(脫亞)'이다. 근대화를 거부하는 중국과 조선은 서양이 압박하는 가운데 독립을 유지할 방법이 없다. 일본은 이웃과 헤어져 서양 열강과 함께 움직이자. 우리는 마음속에서부터 아시아의 나쁜 친구를 사절해야 한다.

(후쿠자와 유키치의 〈탈아론, 탈아입구론〉)

이때부터 그는 문명국으로 발전할 능력이 되지 않는 국가, 민족이라면

철저하게 버리고 일본만이라도 개화의 대열에 들어서야 한다는 탈아론을 적극적으로 주장하기 시작한다. 같은 해 8월에는 '조선 인민을 위하여 조선 왕국의 멸망을 기원한다'는 글을 쓰기도 한다.

인민의 생명도, 재산도 지켜주지 못하고 독립 국가의 자존심도 지켜주지 않는 그런 나라는 오히려 망해 버리는 것이 인민을 구제하는 길이다.
조선 정부가 외국의 침입으로부터 자국민을 보호하지 못하며, 지배층은 국민의 권익 보호에 관심이 없다, 그리고 일반 백성들조차도 부패와 탐욕, 위법 행위를 자행하는 등 내부적으로도 심각하게 부패해 있다.
(〈조선 인민을 위하여 조선 왕국의 멸망을 기원한다〉 중에서)

이러한 후쿠자와의 글은 비록 정치개혁을 시도하다 좌절된 개화파에 대한 연민과 평소 그가 가지고 있던 개혁이나 개화사상을 설파하기 위한 것이라고 해도 한 나라의 멸망을 기원한다는 그의 생각은 결코 올바른 것일 수 없다. 하지만 시대의 흐름을 간파하지 못하고 개화파의 개혁이나 동학운동을 외세를 동원해 진압한 조선 왕조의 위정자들의 자세가 결국 조선 왕조의 몰락을 초래한 결과를 보면 후쿠자와의 뼈아픈 지적이 일면 타당한 부분도 있다고 생각된다.

**그림 72.** 이광수의 민족개조론
(https://yahoo.jp/QBMIii)

후쿠자와에 대한 흠모와 열정으로 '조선의 후쿠자와'를 자처한 춘원 이광수가 후쿠자와에 대해 '일본에 복을 주기 위해 하늘이 내린 위인'이라 평했다. 그는 우리 민족의 열등성을 강조한 '민족개조론'(『개벽(開闢)』 1922년 5월호에 발표)를 쓰기까지 했는데 여기에 후쿠자와의 영향이 그대로 나타난다. 이광수는 <민족개조론>에서 '독립을 포기한 일제 지배 하에서의 자치'를 주장하기도 했다.

### 평가

일본 국내에서도 그의 업적에 대해서는 긍정적 평가와 부정적 평가로 나눠진다. 긍정적 평가로는 서양문명의 충격 속에 일본을 주권적 국민국가로 만들기 위한 정신적 토대를 만든 위대한 사상가라는 점과 메이지 유신 이후 권게 진학 권유를 서실하고 언론과 대학을 세워 오직 일본 정신의 근대화를 위한 계몽사상가로 활동했다는 점이다.

부정적 평가는 그의 '탈아론'이 일본을 군국·제국주의와 전쟁으로 몰아넣었다는 비판이다. 그의 '탈아입구론'은 일본 군국주의의 이론적 발판이자 역사 교과서 왜곡을 주도하고 있는 일본 우익의 이념적 원류라는 부정적인 평가도 있다.

### 4) 게이오대학

게이오대학은 1858년 후쿠자와 유키치가 설립한 게이오의숙(慶應義)]에서 출발하여 1900년에 종합대학으로 승격했다. 후쿠자와는 자유로운 탐구 분위기를 조성하기보다는 국가이익에 부응하고 미래의 정부 관료를 양성하기 위한 국가주의적이고 권위주의적인 제국대학에 대한 대안으로 게이오대학을 설립했다.

19세기말 이래로 정부 공공기관에 근무할 수 있는 사람은 거의 제국대학 출신으로 제한되어왔기 때문에 이 대학은 민간분야인 경영학이나 법학에 중점을 두어 은행계와 산업계의 지도자들을 많이 배출했다. 게이오대학에는 문학부, 경제학부, 법학부, 상학부, 의학부, 이공학부, 종합정책학부, 환경정보학부, 간호의료학부, 약학부, 통신교육과정의 10개 학

그림 73. 게이오대학(https://yahoo.jp/1R GTmd)

그림 74. 게이오대학에 있는 후쿠자와 유키치 동상(https://yahoo.jp/ R6GJJP)

부, 14개 대학원이 있다.


### 소케이센(早慶戰)

‘게이오보이, 와세죠’라는 말이 있다. ‘게이오보이’는 좋은 집안에서 어려움을 모르고 자란 게이오대학의 상류층 도련님의 이미지를 말하고, ‘와세죠’는 지방에서 상경해서 술 잘 먹고 드센 와세다대학 여학생을 의미한다. 다음 문장에서도 고착화된 와세죠에 대한 평가를 볼 수 있다.

> 도대체 융통성이 없지만 씩씩하고 웬만한 남자들보다 머리 회전도 빨라 명청한 것을 절대 좋아하지 않고, 그렇다고 해서 개성이나 특성이나 천성을 구별할 정도의 지각도 없고, 이상적인 무언가가 될 만한 물건은 한 학년에 한 명 있을까 말까 할 정도인데 나야말로 특출한 인물이 돼야 한다, 꼭 될 것이라는 환상에서 헤어나지도 못한 채 영화나 연극, 문학에 조예가 있는 척하며 과식과 거식에 빠지기 쉬운 여자들을 ‘와세죠’라 총칭한다.
>
> (기요미즈 히로코의 소설 〈Vanity〉중에서)

**그림 75.** 소케이센 응원(https://yahoo.jp/ 9Zi14W)

**그림 76.** 소케이센(https://yahoo.jp/ dlvVna)

　대체적으로 게이오대학에는 도쿄 인근의 도련님풍의 부유층 자제들이 입학하고 와세다대학은 지방의 인재들이 모이는데, 게이오대학과 대조하기 위해 씩씩하고 활발한 여학생을 대비시켜 비교하는 것이다.

　와세다대학과 게이오대학은 명문 사립 라이벌로, 두 대학 사이에는 '소케이센(早慶戰)'이라 불리는 스포츠 매치가 있다. (게이오대학에서는 게이소센(慶早戰)이라 부름) 소케이센이 연고전과 다른 점은 일정한 날짜를 잡고 축제처럼 열리는 연고전과 달리 '소케이센'은 와세다와 게이오 대학 간 리그 경기 그 자체를 칭한다는 점이다. 도쿄 6대학 야구 리그와 같은 대학 스포츠리그에서 성사되는 라이벌전 그 자체를 일컫는 말이라는 것이다. 즉, 대학 축구 리그, 도쿄 6대학 야구 리그에서 와세다와 게이오 간 더비 경기가 벌어지면 그게 곧 소케이센이다. 연고전도 그렇지만 일본의 소케이센도 응원전이 매우 뜨겁고, 큰 볼거리라 할 수 있다.

제5장

도쿄의 음식

# 1. 역사와 전통을 자랑하는 도쿄의 노포

## 1) 기무라야의 닌교야키(人形燒)

### 역사와 전통의 도시 아사쿠사

아사쿠사는 관광의 도시, 쇼핑의 도시, 소비의 도시인 도쿄에서 가장 역사와 전통이 살아 있는 지역이자 서민들의 소박함을 느낄 수 있는 곳이다. 이곳은 전 세계로부터 많은 관광객들이 모이는 곳으로, 연간 3,000여 명의 관광객이 방문한다고 한다. 가장 대표적인 관광 명소인 센소지(浅草寺)를 중심으로 전통적인 상점가인 나카미세(仲見世) 거리가 있고, 도쿄 최대의 주방용품 거리인 갓파바시 도구 거리도 있어 볼거리가 풍부한 곳이다.

아사쿠사에서 관광객들이 많이 모이는 나카미세의 가장 안쪽에는 도쿄에서 가장 오래된 절인 센소지가 있다. 이곳은 관음보살을 본존으로 하고 있어서 '아사쿠사 관음'이라는 애칭으로 불린다. 에도 33개소 관음 영험장 참배소 1번으로, 정월 하쓰모데에는 많은 참배객이 방문하는 유명 관광지이지이다.

센소지의 입구 라이몬(雷門)에서 호조몬(宝藏門)에 이르는 거리 약

**그림 1.** 아사쿠사 센소지(https://yahoo.jp/GEJgU8)

**그림 2.** 센소지 라이몬(https://yahoo.jp/-_1QjF)

250m의 참배길 양쪽으로는 100여 가지의 기념품과 화과자, 먹거리를 파는 상점이 줄을 서 있다. 이곳을 '나카미세 거리' 라 부르는데, 동쪽에 54개, 서쪽에 35개의 가게에서 특산품을 팔고 있어 외국인 관광객들이 많이 찾는 곳이다.

그림 3. 나카미세 거리(https://yahoo.jp/a2 Ce-V)

나카미세의 전통 먹거리는 닌교야키(人形燒)이다. 닌교야키는 센소지 5층탑, 번개의 신, 비둘기, 등을 모델로 해서 만든 과자로, 닌교야키의 노포(老鋪)는 기무라야이다. 기무라야는 1868년부터 아사쿠사에서 닌교야키를 만들어 팔았는데, 아사쿠사 관음보살과 가장 가까운 곳에 위치한 아사쿠사에서 가장 오래된 가게이다.

그림 4. 기무라야 본점(https://yahoo.jp/bh4Rr2)

그림 5. 닌교야키(https://yahoo.jp/TdQnJR)

아사쿠사는 관동대지진의 영향으로 대형 화재가 발생해 잿더미가 됐었다. 그 후 다시 부흥하였다가 2차 세계대전의 피해로 다시 폐허가 되었고, 또 다시 개발이 되었지만, 신주쿠나 시부야 등 신흥 지역에 비하면

**그림 6.** 센소지에 있는 9대 이치카와 단주로 동상(https://yahoo.jp/PcIAD)

**그림 7.** 일본에서 가장 오래된 유원지 '하나 야시키'(https://yahoo.jp/1wqP_0)

발전이 더딘 곳이다. 하지만 우에노, 닛포리와 더불어 가장 서민적인 도쿄의 일상생활을 볼 수 있는 지역이며, 도쿄의 마쓰리 중 30%가 이 지역을 중심으로 진행될 정도로 도쿄의 전통문화를 경험하기에 좋은 곳이다.

지금은 도심 지역에 비해 낙후된 곳이기는 하지만, 과거에는 이곳이 대중문화의 중심지였다. 도쿠가와 막부 시절에는 이곳은 금융의 중심지였다. 사람과 돈이 모이면서 영화관이나 극장 같은 문화시설이 들어서고, 아사쿠사는 도쿄 대중문화의 중심지로 발전했다. 아사쿠사가 과거 대중문화의 중심지였던 흔적은 곳곳에서 확인할 수 있는데, 센소지 뒤쪽에 있는 연극 가부키에서 명배우로 추앙받던 9대 이치카와 단주로의 동상이나 1853년 개장한 일본 최초의 유원지인 하나야시키 등이 과거의 영화를 말해 주는 흔적들이다. 1964년에 개장한 만담 공연을 위한 '아사쿠사 연예 홀'에서는 지금도 만담가들의 공연을 볼 수 있다.

또한 아사쿠사에는 조리, 주방용품에 관해서는 없는 게 없다고 하는 조리도구 거리가 있다. 이곳을 '갓파바시(合羽橋) 도구거리'라 부르는데, 약 800미터에 이르는 거리에 총 170개 정도의 점포가 있다. '도구의 날'인 10월 9일 전후에는 '도구 마쓰리'가 열린다. 2003년에 도구 거리 탄생 90주년을 맞아 조각가 니시무라 유이치와 공예가 기타무라 신이치가 제

**그림 8.** 만담 공연장 '아사쿠사 연예 홀' (https://yahoo.jp/aS-lOs)

**그림 9.** 만담 공연 '요세(寄席)'(https://yahoo.jp/wHNX-f)

작한 갓파 가와타로의 동상이 이 거리의 심볼이다. 1912년 몇몇 고도구 상점이 자리를 잡다가 제2차 세계대전 후에 오늘날과 같은 요리, 음식점 기구나 과자 도구를 취급하는 상점가로 발전했다. '니이미 식기관'과 같은 식기 판매를 위한 건물도 있고, 일본 장인이 제작한 특수한 조리도구나 칼을 주문 제작하는 가게들도 있다. 또한 이곳에는 독일의 유명 칼메이커 헹켈사 점포도 있다.

'갓바바시'라는 명칭은 1800년대 초 이 지역이 습생지역이어서 주민들이 어려움을 겪자 우비를 파는 갓파 가와타로(본명 갓파야 기하치)가 주민들을 위해 사비를 들여 하천을 정비했던 데서 유래한다. 갓파 가와타로의 하천 공사 당시 기하치에게 감동을 받은 갓파(河童)들이 밤마다 공사를 도왔다고 하는 전설이 전해진다. 발음이 같은 데서 생겨난 전설인 것으로 보인다.

여기에 등장하는 갓파(河童)란 일본 민담에 나오는 전설상의 동물이자 물의 요정이다. 대략 10세 된 어린이 정도의 몸집에 황록색을 띠며 원숭이를 닮았지만, 피부 대신 물고기 비늘과 거북이 등딱지로 덮여 있어 보통 거북이나 개구리로 그려진다. 서양 영화의 닌자 터틀도 아마 이 갓파의 모습을 본뜬 것으로 보인다. 머리 꼭대기는 움푹 들어가 있고

그림 10. 갓파바시 도구거리
(https://yahoo.jp/lKKnlB)

그림 11. 니이미 식기관 건물(https:
//yahoo.jp/32dJTu)

물로 가득 차 있는데, 만약 이 물이 엎질러지면 신통력을 잃는다고 한다.
또 갓파는 인간에게 접근하여 접골술(接骨術)을 전수해줬다고도 한다.

일본 초밥 중에 '갓파 마키(오이 말이)'라는 것이 있다. 밥에 오이만

그림 12. 갓파 가와타로의 동상
(https://yahoo.jp/1w57_p

그림 13. 갓파(河童)(https://yahoo.
jp/s7euRIZ)

넣은 초밥을 갓파 마키라고 하는데, 갓파 마키란 이름은 갓파가 오이를 좋아했다는 전설에 기인한다. 갓파는 오이를 광적으로 좋아하는데, 이는 오이가 첫 수확하는 채소여서 수신(水神)에게 공양되는 물건이었던 데에 유래한다. 그래서 갓파를 꾀어내기 위해 갓파가 좋아하는 오이를 그가 사는 물에 던졌다고 한다.

그림 14. 갓파 마키(https://yahoo.jp/Cbon6sU)

그림 15. 갓파 마키(https://yahoo.jp/sp65ED)

그림 16. 갓바 노렌(https://yahoo.jp/lU5YgS)

그림 17. 선술집 기자쿠라의 갓파 노렌(https://yahoo.jp/c-1yhX)

그리고 갓파는 술을 아주 좋아한다고 전해진다. 일본식 주점인 이자카야에 갓파 그림이 많은 것은 그런 이유에서이다.

2) 아사쿠사의 명물 미꾸라지 요리 '야나가와나베'

아사쿠사는 미꾸라지 요리가 유명하다. 장어와 우엉을 달달하게 졸여 대파를 넣고 달걀을 덮은 것을 '야나가와나베(柳川鍋)'라 하는데, 아사쿠사에는 야나가와나베로 유명한 노포인 '고마가타(駒形)'가 있다.

일본의 미꾸라지 요리는 으깬 형태가 아니라 미꾸라지의 모습을 그대로 둔 채 요리한다. 야나가와나베에 쓰이는 미꾸라지는 한 마리를 통째로 넣거나 머리와 내장을 빼고 배를 벌린 형태, 이 두 가지 방법으로 조리한다. 미꾸라지를 통째로 쓰는 것을 '마루', 벌린 것을 '누키'라고 해서 구별했다고 한다.

미꾸라지 요리를 '야나가와나베'라 부르는 이유는 원래 미꾸라지와 우엉을 사용해서 만든 '도죠나베(미꾸라지 전골)'이라는 요리기 있었는데, 여기에 달걀을 얹는 요리가 니혼바시의 '야나가와야'라는 가게에서 시작된 데에 유래한다. 그때부터 '야나가와나베'와 '도죠나베'를 구분하기 시작했다고 한다. 미꾸라지나 우엉은 모두 몸의 기운을 돋우기에 좋은 음식으로 알려져 에도시대부터 여름 무더위에 원기를 회복하는데 미꾸라지 요리가 도움이 된다고 여겨졌다.

가게의 정식 명칭은 '고마가타 도제우'로, 그 시작은 1801년 무사시에 살던 스케키치가 에도에 근무하러 나왔다가 아사쿠사의 고마가타에서

**그림 18.** 야나가와나베(마루)(https://yahoo.jp/qyvY8g)

**그림 19.** 야나가와나베(누키) (https://yahoo.jp/_DTC Lv)

밥집을 시작한 것에서 비롯된다. 그가 이때 선보인 것이 미꾸라지 전골(도쿄 나베야키)이다. 가게 이름을 '고마가타 도제우(고마가타 장어집이란 뜻)'로 한 이유는 미꾸라지라는 뜻의 일본어 '도지야우(どぢやう, 실제로는 '도쿄'라 읽는데 일본어 표기상 네 음절)'가 네 글자로 짝수여서, 복을 부르는 홀수 문자인 '도제우(どぜう)'라 표기하는 것이 좋겠다고 생각했다고 한다.

이 고마가타 도제우 가게 옆에는 버드나무가 한 그루 있다. 이는 "버드나무 아래에서 두 마리째 미꾸라지를 노린다"는 속담에 따라 행운을 부르기 위해 가게 옆에 심어 놓은 것이다. 이 속담의 의미는 한번 성공한 사람의 뒤를 이어 행운을 잡으려는 행위, 혹은 기존의 것을 흉내 내어 만들어진 것을 의미하는 표현이다. 한편으로 한번 성공했다고 해서 반드시 똑같이 잘되지는 않는다는 의미를 나타내는 "같은 버드나무에 늘 미꾸라지가 있는 것은 아니다"라는 속담도 있다. 이쪽도 저쪽도 다 일리가 있는 말인 것 같다.

이 가게에는 에도 문화 도장(道場)이라고 해서, 두 달에 한 번 에도를 배우는 강좌가 열린다. 에도의 식문화를 비롯하여 예능, 공예, 문화론을

그림 20. 아사쿠사의 고마가타(https://www.dozeu.com/asakusa/)

그림 21. 도쿄나베(미꾸라지 전골)(https://yahoo.jp/VNTqNp)

그림 22. 고마가타 도제우의 '에도문화 도
장'(https://yahoo.jp/n6rUYb)

그림 23. 에도문화 도장(https://yahoo.jp/
hufEjz)

그림 24. 고마가타 도제우(https://www.dozeu.
com/asakusa/)

그림 25. 고마가타의 미꾸라지 요리
(https://yahoo.jp/cHCqUh)

강연할 전문가를 초청하여 진행하고 있는데, 이것으로 2011년 메세나
대상(大賞)인 '지역문화상'을 수상했다. 역사가 있는 음식점에서 전통문
화 강연을 연다고 하는 풀뿌리 일본 문화의 저력을 느낄 수 있는 사례라
하겠다.

### 3) 아사쿠사 '가미야 바'의 전기 브랜

아사쿠사는 미꾸라지 요리도 유명하지만 '전기 브랜' 역시 아사쿠사의
명물이다. 전기 브랜은 메이지시대에 등장한 아사쿠사를 대표하는 칵테
일이다. 판매 초기에는 '전기 브랜'이 아니라 '전기 브랜디'라 불렸는데,

전기 브랜이란 브랜디, 진, 와인 큐라소, 약초를 비전되는 분량으로 브랜드한 것으로 일본 최초의 바인 아사쿠사 '가미야 바'에서 처음 만들어졌다. 전기 브랜은 싼 가격 덕택에 주머니가 가벼운 샐러리맨들이나 서민들도 양주를 맛볼 수 있는 기회가 되었다. 또한 노동자들이 많았던 서민들의 거리 아사쿠사에서 전기 충격처럼 쉽게 취할 수 있는 도수 높은 술로도 인기를 끌었다. 그런 면에서 이 술은 서민의 정서가 담긴 술이라 할 수 있다.

가미야 바의 창업자인 가미야 덴베는 수입한 주정(酒精)을 원료로 1882년(메이지 15년) 속성 브랜디를 제조했다. 1893년 여기에 와인, 진, 베르무트(포도주에 베르무트초(草)의 뿌리 등을 우려 낸 리큐어의 일종) 등을 브랜드한 초대 전기 브랜을 판매하기 시작했다. 원래는 약용으로 팔리던 수입 브랜디에 적당한 감미와 향을 더해 일본인의 미각에 맞게 개량한 것인데, 이 레시피는 지금도 비전으로 되어 있다. 당시 전기는 문명의 상징이었다. 모던하고 새로운 '전기 ○○'이란 명칭이 유행하던 시기였다. 알콜 45도의 전기 브랜은 자극적인 목 넘김이 전기의 이미지와 딱 맞아떨어져 큰 인기를 얻게 되었다. 현재 가미야 바 메뉴에는 두 가지 전기 브랜을 즐길 수 있다. 알콜 30도의 전기 브랜, 그리고 40도의 전기 브랜 <올드>이다.

마시는 법은 스트레이트와 하이볼, 락, 홍차와 함께 마시는 등 다양하다. 전기 브랜 하이볼은 얼음을 넣고 전기 브랜을 따른 뒤, 조심스럽게 소다를 첨가한 것이고, 락은 큰 얼음덩어리를 넣은 것, 그리고 홍차에 큰 스푼 하나 정도 전기 브랜을 넣어 브랜디 고유의 깊은 향을 느끼도록 한 것 등이 있다. 가격은 전기 브랜 270엔, 전기 브랜 올드 370엔으로 저렴하다. 맛은 전기 브랜은 단맛이 강한 칵테일이고, 올드는 매우 높은 도수의 알콜이 강한 맛이다. 전기 브랜은 브랜디의 이미지와는 달리 매우 서민적이고 값싼 술이다. 하지만 이 술이 갖는 문화는 노동자들이 모여들었던 서민의 거리 아사쿠사의 분위기와 주머니가 가벼운 직장인들에게 잠깐의 사치를 느끼게 해 주는 신문명의 상징과도 같은 것이다.

그림 26. 전기 브랜디 마시는 법(https://yahoo.jp/9HVDbi)

그림 27. 아사쿠사의 전기 브랜
(https://yahoo.jp/TVX5zY)

그림 28. 아사쿠사의 가미야 바(https://yahoo.
jp/9g4Obl)

가미야 바와 전기 브랜은 많은 문학작품에 등장한다. 아사쿠사는 본래 문학과 관계가 깊어서 많은 명작이 아사쿠사에서 탄생했다. 다자이 오사

무의 <인간실격>에는 "취기가 금방 사라지는 것은 전기 브랜 이상 가는 것이 없다고 보증한다."고 쓰여 있다. 1960년 아쿠다가와상을 받은 미우라 테츠로의 '시노부가와'에도 가미야 바와 전기 브랜이 등장한다. 소설뿐 아니라 1972년 아가타 모리오(あがた森魚)가 만든 '소녀의 덧없는 꿈(乙女の儚夢(ぼむ))'이란 앨범에도 전기 브랜과 가미야 바를 노래한 '전기 브랜'이 수록되어 있다.

최근에는 모리미 도미히코의 소설 <밤은 짧아 걸어 아가씨야>(「夜は短し歩けよ乙女」)에 전기 브랜이 등장하면서 젊은이들 사이에 전기 브랜이 다시 주목을 받기 시작했다. 이 소설은 2006년 출판된 것으로 여러 문학상을 수상한 작품이다. 2008년 우리나라에서도 출판되었는데, 2007년 일본에서 서점대상 2위에 오른 작품이다. 2017년 기준으로 일본에서의 누적판매량이 130만 부가 넘는 베스트셀러이기도 하다. 소설 제목은 1912년 요시이 이사무가 작사한 <곤돌라의 노래>에서 따왔다.

> 인생은 짧아 사랑하세요 아가씨 / 붉은 입술이 바래기 전에
> 들끓는 피가 식기 전에 / 내일 떠오르는 해와 달은 없을 테니까
>                                      (요시이 이사무의 '곤돌라의 노래')

내용은 교토 대학과 그 주변을 모티브로 무대를 삼아 어딘가 모자란 남학생과 순진한 여자 후배의 사랑 이야기를 두 가지 시각으로 교대로 그려낸 작품이다. 이 작품에서 교토의 번화가 기야마치 거리의 식사 자리에서 대학 클럽의 선배는 검은 머리의 아가씨를 마음에 두게 된다. 식사가 끝나고 같이 술을 마시자는 선배를 거절한 아가씨는 혼자 술을 마시기 위해 폰토초를 걷다가 폰토초에서 사람들이 은밀하게 마신다는 '가짜 전기 브랜' 이야기를 듣는다. 그리고 가짜 전기 브랜을 가지고 있다는 고리대금업자 노인 이백을 만나 선배의 빚을 갚기 위해 그와 술 마시기

내기를 한다. 가짜 전기 브랜을 마신 아가씨는 행복한 기분이 되어 술병을 차례차례 비우고, 이백 할아버지는 항복하고 만다는 이야기이다.

이 소설은 2017년 극장판 애니메이션으로 개봉하여 제41회 오타와 국제 애니메이션 페스티벌 장편 부문 그랑프리, 제41회 일본 아카데미상 최우수 애니메이션상을 수상했다. 이 작품에서 전기 브랜은 매우 중요한 소재로 작용하고 있다. 나이 든 사람들의 추억의 술인 전기 브랜을 참신한 젊은이들의 세계로 소환한 이 작품 덕택으로 일본에서 전기 브랜이 다시 소환되는 계기가 되었다.

**그림 29.** 〈밤은 짧아 걸어 아가씨야〉
(https://yahoo.jp/yBLTSi)

**그림 30.** 가짜 전기 브랜을 마시는 아가씨
(https://yahoo.jp/L1Dx58)

## 4) 긴자 렌가테이의 돈가쓰와 오무라이스

돈가쓰는 두꺼운 돼지고기 로스나 소고기 슬라이스 고기를 밀가루, 달걀, 빵가루를 묻혀 기름으로 튀긴 음식을 말한다. 돼지고기의 '돈(豚)'과 프랑스 요리의 '커틀릿(cotelettes)'이 합쳐진 말이다. 돈가쓰와 커틀릿

과의 차이는 돈가쓰는 기름에 푹 담구어 튀기는 딥 프라이형식을 취한다
는 점이다. 기름에 푹 담구는 딥 프라이 형식은 가열 시 외부와의 접촉이
거의 없어 프라이에 비해 수분 발생이 적어 부드럽고 촉촉한 식감이 특
징이다.

일본에서 처음으로 돈가쓰를 선보인 것은 긴자의 양식당 '렌가테이
(煉瓦亭, 붉은 벽돌집이란 뜻)'이다. 렌가테이는 1895년 창업한 긴자에
위치한 양식 레스토랑으로 일본의 돈가쓰, 오무라이스의 발상지로 알려
져 있다. 1889년 렌가테이는 딥 프라이 방식의 '포크 커틀렛'을 메뉴로
개발해 따뜻한 채소 대신 채 썬 양배추를 곁들여서 내놓아 인기를 끌었
다. 창업 초기에는 전통적인 서양요리를 제공했으나 본격적인 서양요리
가 당시 일본인들의 입맛에 맞지 않았고, 빵보다는 밥을 먹고 싶다는
손님들의 요구에 맞춰 일본인에게 맞는 오리지널 요리를 개발하게 되었
다고 한다.

렌가테이는 돈가쓰와 더불어 오무라이스로도 유명하다. 오무라이스
요리도 메이지시대에 탄생했다. 오무라이스는 양식 오믈렛을 만들 때 달
걀에 밥을 섞은 것이 그 시초로, 가게에서 일하는 종업원들이 바쁠 때

**그림 31.** 긴자의 렌가테이(https://yahoo.jp/GTPv3J)

**그림 32.** 렌가테이의 돈가쓰(https://yahoo.jp/SOZZO9)

가볍게 한 수저씩 먹을 수 있도록 하기 위한 요리가 손님들의 요청으로 메뉴로 들어가게 된 것이다.

### 5) 우에노 폰치켄의 가쓰돈과 가쓰 카레

우에노 오카치마치에는 가쓰돈과 가쓰 카레의 발상지 폰치켄이 있다. 가쓰돈이나 가쓰 카레는 돈가쓰나 오무라이스와 마찬가지로 서양 요리를 일본식으로 개발해서 일본인들의 입맛을 사로잡은 음식들이다. 1929년 오카치마치의 양식당 '폰치켄'이 돈가쓰를 잘라 밥과 절임 채소, 된장국과 함께 먹도록 한 일본식 정식 스타일로 제공하여 인기를 끌었다. 2.5에서 3센티 정도의 두꺼운 돼지고기를 충분히 익히는 가열 조리법을 고안해 낸 '폰치켄'의 요리사 시마다 신지로를 '돈가쓰의 발명자'라 부르는 사람도 많았지만 그는 자신의 요리를 돈가쓰로 부르는 것을 싫어했다고 한다. 어쨌든 이 스타일의 돈가쓰가 호평을 얻어 전국으로 퍼졌다. 결국 1923년 관동대지진 이후 양식과 중화요리의 인기에 눌려 인기가 떨어진 소바가게에서 가쓰돈과 가쓰 카레를 내놓으면서 손쉽게 먹을 수 있는 '소바가게의 양식'으로 폰치켄은 기사회생하게 된다. 지금도 가쓰

그림 33. 가쓰동(https://yahoo.jp/mKmJGn)  그림 34. 가츠 카레(https://yahoo.jp/DK-EP1)

돈과 가쓰 카레는 일본인들에게 인기 메뉴로 자리 잡고 있다. 외래문화를 자신들만의 방식으로 변화시키는 일본인들의 지혜를 엿볼 수 있는 음식이라 하겠다.

## 2. 지역의 맛과 정서를 담은 향토요리

### 1) 에도마에즈시

스시는 도쿄의 향토요리이다. 일본의 스시는 즉석에서 밥 위에 얹어 먹는 '니기리즈시'와 밥과 생선을 틀에 넣고 눌러서 발효시키는 '오시즈시'의 두 가지가 있다. 니기리즈시는 에도, 오시즈시는 오사카의 향토요리이다. 니기리즈시를 '에도마에즈시'라고 하는 데, 결국 이 에도마에즈시가 일본을 대표하는 스시가 되었다.

에도마에즈시는 '에도즈시' '도쿄즈시'라고도 한다. 에도마에즈시라는 이름은 '에도마에' 즉, 에도 앞에 위치한 도쿄만의 풍부하고 신선한 어패류를 재료로 만든다고 해서 붙여졌다. 에도시대 우키요에 화가 히로시게의 작품에도 에도마에즈시를 그린 것이 있다.

에도마에즈시가 나오기 전까지의 스시는 오사카의 '오시즈시'가 주류

**그림 35.** 에도마에즈시(우타가와 히로시게) (https://yahoo.jp/zpDX6k)

**그림 36.** 긴자 이시지마의 스시(https://yahoo.jp/BSF2gS)

였다. 에도마에즈시는 실은 에도시대 패스트 푸드였다. 오시즈시는 나무로 된 틀에 초밥을 넣고 그 위에 생선 등을 얹은 후 틀을 빼는 방식이다. 손이 많이 가고 발효시키기 때문에 시간이 많이 드는 음식이다. 이에 비해 에도마에즈시는 초밥을 뭉친 후 그 위에 찌거나 굽거나, 혹은 날 것의 신선한 재료를 얹는 방식으로 바로 만들어 먹을 수 있다. 즉석요리인 에도마에즈시가 유행하게 된 배경은 다음과 같다.

무로마치시대(1336~1573년)에 도쿠가와 이에야스는 '참근교대 정책'이라는 전국의 무장들이 재산을 축적해서 자신에게 대항하지 못하도록 하기 위해 격년으로 에도에 1년씩 살게 했다. 이 정책으로 에도의 인구가 단기간에 급속도로 늘어났다. 1743년 당시 에도의 인구는 남자 상인 31만 명, 여자 상인 21만 5000명, 거기에 무사를 더해 100만이 넘는 인구가 집중되어 있었다. 이때의 번성했던 에도시대 거리의 모습은 히로시게의 '니혼바시 어시장 번영도'에서도 볼 수 있다. 이와 같이 도쿄는 런던, 파리를 능가하는 세계 최대 규모의 인구가 활동했고, 이 때문에 에도 곳곳에 식료품을 공급하기 위해 멜대를 메고 다니는 '후리우리(振り売り)'라는 직종을 가진 사람들이 등장했다. 이들은 처음에는 스시를 멜대에 들고 다니며 영업을 했으나 나중에는 좌판 등에서 주문을 받으면 그 자리에서 바로 만들어서 건네는 방식으로 판매했던 것이 그 유래이다.

**그림 37.** 오시즈시(https://yahoo.jp/sMTIXW)

**그림 38.** 오시즈시(https://yahoo.jp/H9E5PF)

그림 39. 에도의 첫 다랑어 '후리우 리'(https://yahoo.jp/yF41 Wr)

그림 40. 니혼바시 어시장 번영도(히로시게)(https:// yahoo.jp/a8qcxg)

### 치라시즈시

에도마에즈시는 니기리즈시, 즉 초밥 위에 어패류 날것이나 삭힌 것, 혹은 구운 것을 얹어 같이 뭉친 초밥이다. 에도마에즈시에는 니기리즈시 이외에도 밥 위에 다양한 재료들을 얹는 치라시즈시가 있다. 초밥 위에 생선 재료를 얹는 니기리즈시에 대해 도쿄 주변에서는 밥 위에 다양한 재료들을 얹는 치라시즈시가 유행했었다. 치라시즈시에는 여러 반찬들이 들어간다고 해서 '고모쿠즈시(五目寿司)'라고도 부른다. 치라시즈시는 서민들이 값싸고 편하게 먹을 수 있는 스시이지만 요정에 나오는 고급 치라시도 있다. 이 스시는 니기리즈시에 비해 다양한 재료들을 함께

그림 41. 치라시즈시(https://yahoo.jp/ cQjT6n5)

그림 42. 아사쿠사 요정의 치라 시 도시락 (https://yahoo.jp/ca8KjQ)

먹을 수 있는 장점이 있다. 3월 3
일 여자아이들의 축제인 '모모노
셋구(桃の節句)'에도 오색의 치
라시즈시를 먹는 풍습도 있다.

## 에도마에즈시와 오사카즈시의 차이

에도마에즈시는 에도만(도쿄
만)에서 잡힌 생선을 재료로 하기 때문에 당시 냉장고도 없고 교통수단
도 발달하지 못해 식초나 소금으로 절이거나 삶거나 간장 소스에 적시는
등, 생선에 다양한 가공을 하여 오래 보존할 수 있도록 했다. 그렇게 가
공한 생선을 성격이 급한 에도 사람들이 단기간에 공복을 채울 수 있도
록 밥과 재료를 함께 제공했던 것이다. 에도마에즈시에 비해 간사이지역
에서는 나무틀에서 시간을 들여 숙성시킨 발효 스시가 주류를 이뤘다.
주로 고등어, 전갱이, 꽁치와 같은 대중적인 생선을 사용했는데, 마키즈
시, 밧테라즈시, 나레즈시, 보즈시(棒寿司)와 같은 것들이 있다. 이런 것
들을 총칭해서 오사카즈시('간사이즈시'라고도 함)라고 한다.

나레즈시는 생선에 소금과 밥을 함께 넣어 발효시킨 것으로 만든 스시
이고, '마키즈시'는 우리나라 김밥처럼 밥과 재료를 김으로 만 스시를
말한다. 오사카즈시는 니기리즈시와 같이 점내에서 먹는 것이 아니라 주
로 연극이나 놀러갈 때 가지고 가는 도시락형태가 많다.

### 밧테라와 보즈시

오사카즈시 중 특이한 것으로 밧테라와 보즈시가 있다. 밧테라는 스시
를 만드는 도마 위에 고등어를 놓고 상자 틀로 만든 스시를 말한다. '밧

**그림 44.** 나레즈시(https://yahoo.jp/XN
GQhm)

**그림 45.** 마키즈시(https://yahoo.jp/0y6
lyI)

테라'라는 포르투갈어로, '배'를 의미한다. 스시의 모습이 배 모양을 닮았
다고 해서 붙여진 이름이다. 원래는 전어를 사용했었는데 점차 고등어를
사용하게 되면서 고등어로 만든 오시즈시(틀에 넣고 눌러서 만드는 오사
카 방식의 스시)를 밧테라라고 부르게 되었다.

　보즈시(棒寿司)는 오사카 전통 스시 방식대로 가느다단 나무틀에 초
밥과 생선을 넣고 눌러 만든 스시를 말한다. 나무틀에 넣지 않고 김밥을
마는 발로 마는 경우도 있다. 초밥 위에 올라가는 생선은 고등어, 연어,
숭어, 붕장어, 은어 등이 있다.

**그림 46.** 배 모양의 전어 스시 '밧테라'(https://yahoo. jp/fcH5TM1)

### 밥의 간

간사이에서 주로 먹는 오시즈시는 만들어서 바로 먹는 것이 아니라 시간이 지난 뒤 먹는 경우가 많다. 그렇기 때문에 간사이에서는 밥에 설탕을 많이 넣어 밥이 마르는 것을 방지한다. 또한 에도마에즈시와는 다르게 사용하는 밥의 양이 많기 때문에 밥에 간을 강하게 해서 시간이 흘러

**그림 47.** 보즈시(棒寿司)
(https://yahoo.jp/-YTz84)

도 맛있게 먹을 수 있도록 했다. 그래서 지금도 간사이에서는 단 맛의 밥이 주류를 이룬다. 이에 비해 에도마에즈시는 밥 위에 얹는 재료를 발효시키거나 간장에 담가두기 때문에 맛의 밸런스 때문에 밥은 담백하게 한다.

### 재료의 종류

에도마에즈시의 대표적인 재료는 붕장어, 전어, 절인 다랑어 등이다. 이 중 다랑어는 현재 에도마에즈시에서는 빠지지 않는 중요한 재료이다. 지금은 생선의 장기 보존이 가능해져 에도에서도 절인 형태가 아닌 날것의 다랑어를 먹을 수 있다. 하지만 얼마나 신선한 다랑어를 가지고 있는가가 스시 가게의 격을 좌우할 정도로 다랑어는 신선함이 생명이다.

다랑어를 좋아하는 에도 사람들에 비해 간사이 지방에서는 흰 살 생선을 선호한다. 간토의 스시 가게에서는 "간사이 지방의 도미는 당할 수가 없다"는 이유로 아예 도미를 사용하지 않는 가게도 있다고 한다.

### 니기리즈시의 발상지 도쿄

지금은 일본에서 니기리즈시가 전국적으로 스시의 일반적인 형태가

**그림 48.** 다랑어 스시(https://yahoo.jp/r9 pRJk)

**그림 49.** 도미 스시(https://yahoo.jp/BFw VnQ)

되었지만, 원래 니기리즈시는 간토에서 처음으로 시작됐다. 니기리즈시를 고안한 것은 1824년 고이즈미 요헤이가 료고쿠(両国)에 '하나야'라는 가게를 열어 니기리즈시를 만든 것이 그 시초이다. 이후 가게의 이름을 따서 그를 '하나야 요헤이'라 부르기도 했다. 요헤이는 스시를 멜대에 매고 행상을 하다가 그 후에는 매대에서 판매를 했다.

요헤이는 신선한 재료를 그 자리에서 스시로 만들어 주었기 때문에 성격이 급한 에도인들의 취향에 딱 맞아 대히트를 쳤다. 그 후 요헤이의 니기리즈시가 인기를 끌어 다른 가게에서도 흉내 내기 시작하여 간사이

屋台の右側で男性が肩に担いでいるものが箱ずし。

**그림 50.** 에도스시의 시작(https://ya hoo.jp/R8Khyx)

**그림 51.** 요헤이 스시 발상지(https://yahoo. jp/iKgI48)

즈시는 자취를 감추게 되었다.

요헤이의 가게가 있던 료고쿠에
는 '에도 스시 발상비'가 세워져 있
다. 그리고 도쿄 스카이트리에서는
에도마에스시의 시작인 요헤이스시
를 판매하고 있다.

**그림 52**. 도쿄 스카이트리의 요헤이스시
(https://yahoo.jp/C9p9Fc)

## 2) 쓰쿠다니(佃煮)

쓰쿠다니는 도쿄의 전통적인 시타마치(下町、서민적인 거리) '쓰쿠다
(佃)에서 만들어진 조림요리'라는 뜻을 가진 도쿄의 향토요리이다. 이
쓰쿠다니는 도쿄가 어떤 곳이었는지를 잘 보여주는 요리이다.

에도시대 도쿄는 바닷물이 땅에 스며들 정도의 습지였다. 사람들은
그 토지를 매워 생활권을 넓히려고 했다. 그런데 이곳에는 해수가 물과
섞이면서 도쿄에서 바다 생선과 강 생선이 동시에 잡히는 장소가 있었
다. 당시 에도는 무사들의 도시였는데, 무사들은 전쟁 이외의 장사나 농
업, 어업에는 익숙하지 않았다. 그러자 도쿠가와 이에야스는 바다와 강
이 만나는 지역에서 나는 해산물을 수확해서 식료품 자급률을 높이기
위해 무사에서 상인으로 전직하는 사람들을 위해 상업의 본고장인 오사
카에서 어업 전문가를 큰돈을 주고 초청했다. 그런데 이들이 도쿄 사람
들에게 상업의 노하우를 가르치기 위해서는 장기간 체류할 수밖에 없었
고, 도쿠가와 이에야스는 이들을 위해 도쿄 중심가 스미다강 부근을 매
립해 섬을 만들고 집을 지었다. 이곳에서 이들은 쓰쿠다니를 만들기 시
작했다.

'쓰쿠다니'라는 말의 어원은 오사카에서 온 이러한 전문가와 관계가
있는데, 이들 전문가들이 오사카의 '쓰쿠다 마치'라는 곳에서 왔기 때문에

**그림 53.** 쓰쿠다지마(https://yahoo.jp/7f U6fe)

**그림 54.** 호쿠사이가 그린 스미다강(https://yahoo.jp/YJTeUb)

쓰쿠다니라 명명하게 된 것이다. 도쿠가와 이에야스가 이들 전문가들을 정착시키려 장만한 이 섬을 오사카 사람들이 '쓰쿠다지마'라 이름 지었다.

쓰쿠다지마는 에도시대 우키요 화가들의 주된 재료였다. 히로시게도 그의 작품집 <명소 에도백경> <에도명소> <동도명소(東都名所)> 등에서 다양한 버전의 쓰쿠다지마를 그리고 있다. 도쿠가와 시대 들어 새로

**그림 55.** 히로시게의 〈에도명소〉중 '쓰쿠다지마, 스미요시신사'(https://yahoo.jp/9y47zf)

**그림 56.** 히로시게의 〈명소에도백경〉중 '나가타바시, 쓰쿠다시마'(https://yahoo.jp/v8OSlm)

이 주목 받는 이른바 에도의 핫 플레이스였던 것이다.

그림 57. 히로시게의 〈동도명소〉중 '쓰쿠다지마 첫 두견'(https://yahoo.jp/3oP60A)

쓰쿠다지마에 이주한 어업관계자들은 상업으로 전직하려는 무사들을 가르치는 한편 스미다 강에서 조개를 캐고 물고기를 잡았다. 이 해산물 중 크고 품질이 좋은 것은 도쿠가와 가문에 헌상품으로 보내고, 헌상하고 남은 것은 판매했다. 뛰어난 상술을 가지고 있었던 오사카인들은 이 중 판매하기 어려운 작은 물고기나 어패류를 오사카 쓰쿠다초에서 생산된 간장과 설탕으로 양념을 한 조리법을 고안했다. 이것을 판매한 결과 도쿄 사람들에게 폭발적인 인기를 끌게 되었다. 그러자 이 소문이 도쿠가와 장군이 있는 에도성까지 전해져 간장과 설탕으로 달착지근하게 졸인 멸치와 조개를 헌상품으로 보내라는 명령이 내려졌다. 그런데 이 음식의 이름이 아직 만들어지지 않아 이를 상품으로 팔기 위해 쓰쿠다초 상인들이 쓰쿠다지마에서 만든 조리법이라 해서 '쓰쿠다니(쓰쿠다 조림)'라는 이름으로 부르게 된 것이다.

그림 58. 멸치 쓰쿠다니(https://yahoo.jp/QvBZNU)

그림 59. 해조 쓰쿠다니(https://yahoo.jp/rEunxG)

**그림 60.** 덴야스(天安) (https://yahoo.
jp/PTJrqm)

**그림 61.** 덴야스 내부(https://yahoo.jp/PIZr
PT)

쓰쿠다니의 노포로 유명한 것은 '덴야스(天安)'이다. 이곳은 1837년 창업한 곳으로 치바현에서 만들어진 맛이 진한 간장을 기본으로 한 비전의 소스를 사용하여 쓰쿠다니를 만들고 있다. 다른 가게에는 없는 생강 쓰쿠다니 등 특이한 메뉴를 매일 15종류 이상 판매하고 있어 많은 사람들이 찾는 곳이다.

### 쓰쿠다 오리모토(佃折本)

이곳에서는 '쓰쿠다 오리모토'라고 하는 유람선을 운행하고 있다. 긴자, 쓰키지에서 가까운 쓰쿠다지마, 가치토기바시, 쓰키지마에서 탑승해서 기요스바시, 오다이바까지 운행하는 대절 유람선이다. 10명에서 15명 정도가 탑승할 수 있는 일본 전통 양식의 배로, 배 안에서 덴야스의 쓰쿠다니도 판매하고 있다.

이곳은 일본을 대표하는 영화감독 오즈 야스지로가 <도쿄 이야기>를 촬영한 곳이기도 하다. 고층 빌딩이 늘어서 있는 한편으로 몬자야키나 쓰쿠다니를 파는 오래된 가게들이 옛 일본의 정취를 풍기는 그런 곳이

그림 62. 쓰쿠다 오리모토 선착장(https://yahoo.jp/hrG_eC)

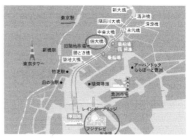

그림 63. 쓰쿠다 오리모토 노선(https://tsukuda-orimoto.com/)

그림 64. 배에서 판매하는 덴야스의 쓰쿠다니 상품(https://tsukuda-orimoto. com/)

다. 일본인들은 모던 도시 도쿄에 살면서 에도의 정취를 간직한 쓰쿠다 지마에서 쓰쿠다 오리모토를 타고 쓰쿠다니를 먹으며 '오래되고 좋았던 (古き良き)' 에도시대를 그리워하는 것이다.

## 3) 창코나베

창코나베는 일본의 스모 선수들이 먹는 나베요리를 말한다. 창코나베 가 나오게 된 것은 메이지 후기로, 스모선수들이 생활하는 스모베야에서 주식으로 먹던 나베요리를 은퇴한 스모선수들이 일반인들에게 만들어 선보이면서부터이다. 스모베야에서 나베요리를 먹는 것은 선수들(力士) 끼리, 혹은 오야가타(親方)와의 반성회 때 음식을 먹는 것도 훈련의 일

종이라는 생각에서 생겨난 요리이
다.

그림 65. 창코나베(https://yahoo.jp/
uR-dz4)

일본의 일반 가정에서 먹는 나베
요리는 생선과 고기를 같이 끓이는
'요세나베'가 많은데, 스모베야에
서는 생선과 고기를 같이 끓이는

그림 66. 지리 타키(https://yahoo.jp/65
pqjb)

그림 67. 소프 타키(https://yahoo.jp/
QqjdJr)

습관이 없다. 그리고 고기는 닭고기 이외에는 거의 사용하지 않는다. 닭
고기만 사용하는 이유는 소나 돼지가 네 발 동물이기 때문으로, 스모에
서는 먼저 손이 땅에 닿는 사람이 패하게 되어 있어 네 발 동물은 먹지
않는다. 그러나 요즘은 소나 돼지를 사용하는 헤야(部屋)[1]도 있다. '창
코'라는 이름은 아버지나 아저씨를 '창'이라 불렀는데, 여기에 코(こ)를
붙여 창코라고 했다는 설이 있다.

창코나베는 생선이 메인인 '지리 타키'와 닭고기가 메인인 '소프 타키'

---

1) 스모는 대개 도제제도로 되어 있어, 오야가타(親方)로 불리는 지도자를 중심으
로 제자들이 양성되고 있다. 이들 그룹을 '헤야(部屋, 방이라는 뜻)'라 부른다.

가 있다. '지리 타키'는 '시오(塩)타키'라고도 한다. '소프'란 '스프'의 와전으로 '닭고기 국물'이란 뜻이다. 즉, 닭고기로 국물을 낸다고 해서 소프타키라는 이름이 붙여졌다. 스모에서는 배가 나온 선수를 생선 아귀를 닮았다고 해서 '아귀형', 근육질 선수를 '소프형'으로 부른다.

### 국기관(国技館)

도쿄 스미다구 료고쿠(両国)에는 스모 경기를 위한 국기관이 있다. 스모는 원래 가이코인(回向院)이라는 사찰에서 했었는데, 스모가 흥행을 하자 188년 가이코인 안에 국기관을 설치했다. 그 후 1984년에 현재의 국기관이 료고쿠에 준공됐다. 새로운 국기관의 지붕은 나라의 호류지 금당을 본떠 만들었다고 한다. 수용인원은 13,000명 정도이다. 일본 스모는 국가적 행사로 천황이나 수상이 거의 참석하는 경우도 많다.

국기관이 있는 료고쿠 주변에는 은퇴한 선수들이 운영하는 창코나베 가게들이 많다. 스모 선수들이 먹는 음식이 살찐다고 생각하기 쉽지만, 실제로는 영양의 밸런스를 맞춘 식재료를 끓여서 먹기 때문에 소화도 잘되고 영양도 풍부하여 미용식이나 건강식으로 주목받기 때문에 일반인들에게도 인기가 있다. 일반인들이 먹는 창코나베는 그들의 취향에 맞

**그림 68.** 료고쿠의 국기관(https://yahoo.jp/0FuzS2)

**그림 69.** 국기관의 도효(土俵)(https://yahoo.jp/zSw5GG)

춰 간을 하거나 식재료의 사이즈도 일반인들에 맞춰 제공하고 있다. 그러나 일반인용 창코나베가 아니라 본격적인 스모베야의 창코나베를 먹어보겠다는 사람도 많다고 한다. 이런 사람들을 위해 국기관에서는 스모 기간에 한해 국기관 지하에 있는 큰 방에서 스모베야 특제 창코나베를 300엔에 제공다고 한다. 국기관 주변의 가게 안에는 '도효(土俵, 스모를 하기 위한 모래판)'가 있거나 스모에 관한 것을 전시하는 가게도 많다.

### 4) 시나가와 메시

도쿄 시나가와(品川)에는 시나가와메시라 불리는 서민적인 요리가 있다. 에도시대에는 도쿄만에서 어패류가 풍부하게 수확되었다. 가는 멸치도 그 중 하나로, 어부들 사이에서 반찬으로 먹는 일이 종종 있었다. 그 후 각 가정에서

**그림 70.** 시나가와 메시(https://yahoo.jp/PuBfSB)

도 먹게 되었는데 쌀과 함께 넣고 밥을 지은 것도 있고, 간장이나 설탕을 넣고 졸인 멸치를 밥 위에 얹어서 먹는 요리도 있었다. 시나가와메시는 에도시대 활기 넘치는 어부들의 모습을 느낄 수 있는 도쿄의 향토 요리이다.

## 3. 일본의 자연과 문화를 담은 화과자

일본의 화과자는 종류도 많고 장인들의 예술혼으로 먹기 아까울 정도로 아름답게 만들어진 것도 많다. 최근에는 이런 화려한 화과자가 많아지는 추세이지만 일본인들은 소박하고 대부분 오랜 전통을 지닌 노포에서 만들어진 것을 선호하는 경향이 있다. 이 중에는 우리에게도 친숙한 붕어빵이

라든지 일본인들의 국민 간식인 당고와 같은 화과자도 있는데, 이런 전통적인 화과자에 담겨 있는 일본 문화의 전통과 그 전통 위에 현대적 감각을 살려 세계무대로 나아가는 일본의 화과자에 대해 살펴보고자 한다.

### 1) 무코지마의 고토토이 당고

흔히 도쿄 특산물 하면 '도쿄 바나나'나 '히요코('병아리'라는 뜻)'를 떠올리는 사람이 많을 것이다. 그러나 일본인들은 과자 선택에 있어서도 전통과 역사를 찾는다. 화려하고 비싼 과자보다는 오랜 역사를 지닌 유서 깊은 노포를 선택하는 것이다. 일본인들이 가장 쉽게 먹는 과자는 '당고'일 것이다. 일본어 속담에 '꽃보다 당고'라는 말이 있다. '금강산도 식후경'이란 뜻이다. 도쿄에 있는 화과자 노포 중 우선 일본인들이 즐겨 먹는 당고로 유명한 곳을 알아보도록 하겠다.

아사쿠사와 스미다강을 사이에 두고 마주 보는 스미다구, 그 중에서도 서민적 거리로 알려진 무코지마에 에도시대부터 전해 내려오는 명과 '고토도이 당고'가 있다. 보통 당고는 꼬치에 끼워진 것이 일반적인데 이고토토이 당고는 꼬치에 끼우지 않는 것이 특징이다. 그리고 이 당고집에는 고다 로항이나 노구치 우죠, 다케히사 유메지와 같은 문학자들의

**그림 71.** 도쿄 바나나(https://yahoo.jp/mGOw4N)

**그림 72.** 히요코(https://yahoo.jp/E0ScXn)

大正13年頃の言問団子。

**그림 73.** 고토토이당고 가게(https://yah oo.jp/RVPHXT)

**그림 74.** 1924년 경 고토토이 당고 가게 (https://yahoo.jp/uRXZg0)

발길이 끊이지 않았다고 한다. 그런데 이 '고토도이 당고'라고 하는 상호의 '고토도이'에는 깊은 문학적 배경이 있다.

'고토토이'라는 말은 '안부를 묻다'라는 뜻이다. 이 상호는 헤이안시대2) 가인이었던 아리와라노 나리히라가 <이세이야기>라는 작품에서 아내를 그리워하며 부른 노래에서 유래한다.

> 물떼새야 그 이름처럼 도읍에 사는 새라면 알려 주렴
> 도읍에 있는 그리운 그 사람은 여전히 잘 있는지

물떼새는 일본어로 '미야꼬도리(都鳥)'라고 한다. 즉, 도읍에 사는 새란 뜻이다. 나리히라는 천황의 아들이었으나 왕족에서 신하로 내려와 평생을 떠돌아다니며 노래를 지었던 가인이다. 이 노래는 긴 여행길에서 배 안에 있던 사람들이 새를 가리키며 '도읍의 새(都鳥)'라고 하자, 고향에 있는 그리운 아내를 떠올리며 즉석에서 부른 노래이다.

에도시대 말기 고토도이 당고 가게를 연 도야마 사키치는 나리히라가

---

2) 일본 중세 전기(794~1185)로 귀족문화가 꽃 피던 시기이다. 나리히라는 헤이안 시대 초기 문인

스미다 강가에서 이 노래를 읊은
것을 떠올리고 가게 이름을 고토
도이 당고라고 지었다. 사키치는
당시 나무를 심던 장인이었는데
당고 가게를 열면서 나리히라의
이 노래를 떠올릴 정도로 와카나
지역 역사에 조예가 깊은 교양인
이었던 것으로 보인다.

**그림 75.** 나리히라의 시(https://yahoo.
jp/tA5q45)

에도시대는 막부에서 번교(藩校, 번의 학교)나 서당과 같은 교육기관
을 각 지역마다 설치하여 백성들의 교육에 힘썼다. 스미다 강가에서 나리
히라의 이 노래를 떠올려 가게 이름을 '고토도이(안부를 묻는) 당고'라고
지은 사키치의 일화에서 에도시대 상인의 교육 수준을 짐작할 수 있다.

### 일본의 명과로 소개된 고토토이 당고

이곳에서 파는 당고는 꼬치에 꿰지 않은 삼색의 당고가 기본이다. 붉
은 색은 당고에 팥 앙금을 바른 것, 노란 색은 당고에 달달한 된장을,
그리고 흰 색은 하얀 고물을 묻힌 것이다. 당고와 더불어 완전 예약제로

**그림 76.** 고토토이 당고(https://ya
hoo.jp/UETkxo)

**그림 77.** 미야꼬도리 모나카
(https://yahoo.jp/rMaJff)

판매하는 물때새 모양의 모나카도 인기가 있다. 이 고토토이 당고는 일본의 명과로 선정되기도 한 역사 깊은 화과자이다.

### 당고 삼형제

일본인들이 가장 친근하게 접하는 화과자가 당고이다. 그런데 평범한 국민 간식 당고가 갑자기 폭발적인 인기를 끈 일이 있었다. 1999년 NHK 교육 텔레비전에 '당고 삼형제' 노래가 소개된 후부터이다. 우선 가사부터 보도록 하겠다.

꼬치에 끼워진 당고 삼형제
세 개가 늘어서서 당고 당고
간장을 발라서 당고 당고
당고 삼형제

제일 위는 장남, 장남
제일 아래는 삼남, 삼남
가운데 끼어서 차남, 차남
당고 삼형제

동생 챙기는 장남
형을 따르는 삼남
자기만 제일인 차남, 차남
당고 삼형제

다시 태어나도 바라건대
모두 같은 꼬치에
가능하면 이번에는
팥이 잔뜩 붙은 팥 당고 당고

어느 날 형제가 싸움, 싸움
얼마나 구울까로 싸움 싸움
사이가 벌어진 당고 당고
하지만 금방 화해하지요

오늘은 선반에서 낮 잠 낮 잠
세 사람 모두 낮 잠 낮 잠
깜빡 늦잠 자서 아침이 되니
그만 딱딱하게 되었답니다

봄이 되면 꽃구경 꽃구경
가을이 되면 달구경 달구경
일 년 내내 당고 당고
당고!      (당고 삼형제)

**그림 78.** 당고 삼형제
(https://yahoo.jp/svP
g7Ke)

NHK 교육 텔레비전 '엄마와 함께' 프로그램에서 소개된 이 노래는 작사를 한 사토 마사히코가 당고 꼬치가 형제라면 제일 위가 형인지 제일 아래가 형인지 하는 의문을 가진 데서 출발했다고 한다. 이 프로그램에서 노래가 나가자 폭발적인 인기를 끌어 '엄마와 함께' 프로그램 최초로 단독 CD를 제작하여 초판 80만 매가 순식간에 팔리고 추가 20만 매, 3일째에 250만 매를 돌파했다. 그리고 이 노래의 유행으로 당고 가게가 급증하는 사회현상까지 생길 정도였다. 꼬치에 끼워져 있는 당고를 세 형제로 묘사해서 서로 티격태격하면서도 끈끈한 형제애를 보여주는 훈훈한 가사와 리드미컬한 멜로디가 인기를 끌었다. 결국 제일 위가 맏형인지 제일 아래가 형인지에 대한 의견은 아직도 분분하다.

**그림 79.** 나니와야 총본점(https://yah oo.jp/8DHnr6)

**그림 80.** 이마가와야키(https://yahoo.jp/rcrQsn)

## 2) 붕어빵 노포 나니와야 총본점

우리나라에서도 익숙한 간식인 붕어빵은 일본에서 건너왔다. 우리는 붕어빵이지만 원조격인 일본은 도미빵이다. 일본 붕어빵의 원조는 1909년 창업한 나니와야(浪花家)이다. 창업자 고베 세지로가 오사카 출신이어서 고향

**그림 81.** 가메야키(https://yahoo.jp/t2CC4P)

과 관련된 '나니와야'3)라는 이름을 썼다.

원래는 이마가와야키(今川燒)를 팔았는데 장사가 잘 되지 않아 거북이 모양을 본뜬 '가메야키(亀燒き)'를 만들었다. 그러나 이것도 잘 팔리지 않자, 경사스럽다는 뜻을 담은 '다이야키(도미빵)'를 만들었다. 도미는 일본어로 '타이'라고 하는데, '경사스럽다'는 일본어 '메테타이'와 관련이 있어 결혼식과 같은 경사에 반드시 등장하는 생선이다. 그러나 고급 생선이어서 서민들은 평소에 좀처럼 먹을 수 없었기 때문에 세지로가

---

3) 나니와는 오사카의 옛 이름, 난바(難波)라도고 함

도미 모양으로 빵을 굽는 것을 고안
해서 판 것이 시작이었다.

나니와야 총본점의 붕어빵은 껍질
이 얇은 것이 특징이다. 몇 밀리 되지
않는 얇은 껍질에 팥이 가득 들어있
는 스타일이다. 굽는 방법도 독특한
데, 보통의 붕어빵은 여러 개의 틀에
반죽을 흘려 넣고 위에서 누르는 형

그림 82. 잇쵸 야키(https://yahoo.jp
/U8ojJX)

태로 되어 있지만 나니와야 총본점에서는 틀 하나에 붕어빵 하나를 만들
고 있다. 이러한 방식을 '잇쵸 야키(一丁燒き)'라 부른다.

지금은 붕어빵도 프랜차이즈화되어 유명한 붕어빵 체인이 있다. 또한
껍질을 얇게 굽는 가게들도 많다. 하지만 얇은 껍질의 경우에도 두께를
균등하게 하기 위해서는 상당한 기술이 필요하다. 체인점이나 프랜차이
즈 가게에서는 이러한 기술력을 항상 유지하기가 쉽지 않다. 그런 면에
서 나니와 총본점의 얇은 껍질로 된 붕어빵은 창업 100년을 넘긴 오늘날
에도 노포의 위엄을 지니고 있는 것이다. 또 나니와 총본점의 붕어빵은
바삭한 껍질과 꼬리까지 꽉 찬 팥 앙금이 그 특징이라고 한다.

### 나루토 다이야키(鳴門鯛燒き) 체인

나니와 총본점이 붕어빵 노포로서의 전통을 지키는 한편으로 현재 일
본에는 '나루토 다이야키'라고 하는 가장 큰 붕어빵 체인이 있다. 나루토
다이야키는 1909년에 창업하여 도쿄와 오사카를 중심으로 전국에 50개
가 넘는 점포가 있다. 재미있는 것은 여기에는 살아있는 생선처럼 자연산
과 양식이 있다는 점이다. 예를 들어 하나씩 굽는 '잇쵸 야키'는 자연산이
고, 여러 개를 같이 굽는 것은 양식이라고 부른다. 메뉴로는 홋카이도산

**그림 83.** 도쿄 세타가야에 있는 나루토 다이야키(https://yahoo.jp/dkzeE0)

**그림 84.** 양식 다이야키(https://yahoo.jp/BWoybd)

팥을 사용한 팥 붕어빵, 시코쿠 도쿠시마산 고구마를 사용한 고구마 붕어빵, 아이스크림을 넣은 아이스 모나카의 3가지가 있다. 다이야키는 일본에서도 저렴한 가격으로 즐길 수 있는 간식거리로 사랑받고 있다.

**그림 85.** 나루토 다이야키의 종류(https://yahoo.jp/6NNSlm)

### '헤엄쳐! 붕어빵군'

일본에서 1999년 유행했던 '당고 삼형제'와 함께 쇼와시대를 대표하는 과자계 힛트곡은 <헤엄쳐! 붕어빵군>이다. <헤엄쳐! 붕어빵군>은 1975년 후지 텔레비전에서 미국의 <세서미 스트리트>를 모방해서 만든 아동 프로그램 <열려라! 폰킷키>(『ひらけ!ポンキッキ』)에서 소개된 동요이다. 내용은 붕어빵군이 붕어빵 가게에서 도망쳐 바다로 도망간다는 내용이다.

이 곡은 레코드로도 만들어졌는데, 싱글 판은 발매 전 예약이 30만

**그림 86**. 연려라! 폰킷킨(https://yahoo.
jp/G9UjQr)

**그림 87.** 헤엄쳐! 붕어빵군 싱글판(https:
//yahoo.jp/dzKzRVQ)

장에 이르렀다. 발매 당일에는 10만 장이 팔렸을 뿐 아니라 12월 31일까
지 1주일 동안 30만 장이 완판되는 등 엄청난 인기를 얻었다. 이듬 해
1월 6일에는 100만 장이 팔렸고, 1월 10일에 150만 장, 예약 주문 50만
장, 2월 16일에는 370만 장 판매 기념 기자회견이 열렸다. 결국 이 노래
는 오리콘 사상 첫 싱글 차트 1위, 11주 연속 1위라는 기록적인 인기를
누리게 되었다. 현재까지도 이 싱글 판의 판매기록은 깨지지 않고 있다
고 한다. 이 레코드는 2008년 <일본에서 가장 많이 팔린 싱글판> 1위로
기네스 세계 기록 2009에 등재되게 된다.

　이 노래의 대유행으로 붕어빵 가게에는 붕어빵을 사려는 사람들이 길
게 늘어섰고 붕어빵 굽는 철판이 불티나게 팔리는 등 당시 하나의 사회
현상이 되었다. 이 노래가 대유행을 한 배경에는 가사 내용이 회사를
그만두고 넓은 세계로 도약하고 싶은 샐러리맨들의 심정을 대변하고 있
었기 때문이라고 한다. 다른 한편으로 당시 국영 철도의 파업으로 집에
있는 샐러리맨들이 많아 아이들 프로그램을 보는 일이 많았고, 서정적
인 멜로디에 빠져 들었다고 한다. 실제로 이 노래가 붐을 일으킨 것은

아이들 뿐 아니라 아버지들이 이 노래를 좋아했기 때문이라고 한다. 가사는 다음과 같은 내용이다.

> 매일 매일 우리는 철판 위에서 / 구워지는 신세 정말 괴로워
> 어느 날 아침 가게 아저씨하고 / 싸우고 바다로 도망갔지
>
> 처음으로 헤엄쳐 본 바다 속은 / 정말로 기분이 좋았어
> 뱃속의 팥은 무거웠지만 / 바다는 넓어서 기분 좋았지
> 분홍빛 산호가 손을 흔들며 / 헤엄치는 나를 보고 있었어
>
> 매일 매일 즐거운 일뿐이야 / 난파선이 내가 사는 곳
> 가끔은 상어가 공격하지만 / 그럴 땐 잽싸게 도망가는 거야
>
> 하루 종일 헤엄치면 배가 고프지 / 눈알이 빙글빙글 돌 정도야
> 가끔은 새우라도 먹어줘야지 / 소금물만 먹어서는 몸만 부풀어
> 바위틈 사이에서 콱 물었더니 / 아이쿠 작은 낚시 바늘
>
> 아무리 아무리 몸부림쳐도 / 바늘이 목에서 안 빠지네
> 바닷가 낯선 아저씨는 / 나를 보고 깜짝 놀라더군
>
> 역시 나는 붕어빵 / 살짝 탄 붕어빵
> 아저씨는 침을 삼키며 / 나를 맛있게 먹어버렸어
>
> ('헤엄쳐! 붕어빵군')

이 노래는 아이들을 위한 노래라고는 생각하기 어려울 만큼 단조(短調)의 느릿한 템포로 다소 서글픈 멜로디로 구성되어 있다. 내용면에서도 붕어빵의 비극적인 결말로 끝나고 있어 애초부터 아이들에게 인기를 끌기는 어려운 곡이었다. 결국 구매력이 있는 샐러리맨들로부터의 인기

에 힘입어 붕어빵이 엄청난 인기를 끄는 계기가 되었다.

이 노래와 관련해서는 흥미로운 후일담이 있다. 이 노래를 부른 시몬 마사토(子門真人)는 이 노래가 이렇게 히트할 줄 모르고 아르바이트로 노래를 불러 대가로 5만 엔 밖에 받지 못했다. 하지만 레코드를 만든 캐논 레코드는 이 노래가 대히트를 쳐서 사옥을 새로운 곳으로 옮겼다. 하물며 신사옥의 별칭은 '붕어빵 빌딩'이다. 후에 시몬 마사토가 보너스로 받은 것은 100만 엔과 흰 기타 정도였다고 한다.

또 한 가지 에피소드는 이 노래가 처음에는 동요로 취급받아서 세금을 면제 받았으나 그 후 어른들에게 퇴사의 염원을 담은 노래로 큰 히트를 치자 과세 대상이 되는 가요곡으로 봐야하는지 동요로 봐야하는지를 놓고 갑론을박이 있었다. 결국 동요라는 결론이 나서 과세를 하지는 않았다고 한다. 이래저래 캐논 레코드로서는 운수대통이었던 셈이다.

### 3) 히나 마쓰리와 화과자

일본에서 3월 3일은 여자 아이들의 축제이고, 5월 5일은 남자 아이들의 축제이다. 3월 3일은 '모모노 셋쿠(복숭아 축제)'라고 하여, 계절이 바뀌는 때에는 건강이나 행복을 비는 의식을 하던 것이 여자아이의 축제

**그림 88.** 나가시비나(https://yahoo.jp/hcbiCo)

**그림 89.** 히나단(https://yahoo.jp/jBZGMA)

가 되었다. 이 모모노셋쿠 때는
종이로 만든 인형을 물에 흘려
보내고 집에는 히나단을 장식
하며 아이들을 축복한다.

여자 아이들의 축제인 모모
노셋쿠에 사용되는 과자는 히
나 인형에게 바치는 것이기 때
문에 행운을 부르는 모양이나

**그림 90.** 히나 아라레(https://yahoo.jp/YP
lk25)

색깔을 사용한다. 예를 들면 히시모치나 히나 아라레와 같이 흰 색, 빨간
색, 녹색의 세 가지 색깔로 만들어진 과자가 많다. 이 세 가지 색이 행운
을 부르는 색으로 인식되어 왔다. 이 중 흰색은 '자손 번영, 장수'의 염원
이, 녹색에는 '액막이, 건강'의 소망이, 그리고 빨간 색에는 '생명력, 액막
이'의 바람이 담겨 있다. 그리고 히나 마쓰리는 여자 아이를 위한 행사이
기 때문에 화려하고 여성스러운, 그리고 봄을 느낄 수 있는 내용을 중요
하게 생각한다. 과자에도 이런 마음을 담아 '나쁜 기운을 쫓아버리는 것'
과 '딸의 건강을 기원하는 마음'
을 담는다.

아라레로 유명한 노포는 도쿄
아카사카의 아오노(靑野)이다.
아라레 이외에도 아오노를 대표
하는 화과자는 '아카사카 모치'
이다.

아카사카 모치는 일인분의 인
절미를 화가 가야마 마타조(加

**그림 91.** 아카사카 아오노(https://yahoo.
jp/uy5GrV)

山又造)가 디자인한 보자기에 싼 것으로, 호두와 흑설탕이 들어간 부드러운 떡에 설탕을 넣지 않은 콩고물로 싸서 부드럽고 향기로운 맛을 낸다.

**그림 92.** 아카사카 아오노의 아라레(https://ya hoo.jp/jDuahA)

**그림 93.** 아카사카 모치(https://yahoo.jp/WOWMTM)

### 히시모치(菱餅)

모모노셋쿠에는 히시모치를 먹는 풍습도 있다. 히시모치는 마름모꼴의 떡이라는 뜻인데, 이는 중국의 풍습에서 유래한 과자이다. 중국에서 음력 3월 3일은 '상사 절구(上巳の節句, 삼월 삼짓날)'로, 마름 열매로 만든 떡에 '모자초(母子草)'라는 상서로운 풀을 섞어서 먹는 습관이 있었다. 이 풍습이 일본에 전해진 것인데, 이름의 의미대로 '어머니와 아들

 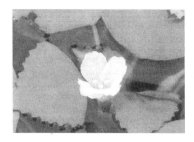

**그림 94.** 히시모치(https://yahoo.jp/Quv UD4)

**그림 95.** 마름(https://yahoo.jp/c8FJ F7)

을 함께 먹는 것은 좋지 않다'는 생각에서 모자초 대신 쑥을 넣게 되었다고 한다. 그 후 메이지시대가 되면서 치자를 섞어 붉은 빛이 가미되게 되어 지금의 세 가지 색이 된 것이다.

이 세 가지 색의 실용적 의미도 있다. 적색인 치자는 '해독 작용', 백색인 마름 열매는 '혈압 저하', 녹색 쑥은 '조혈효과'가 있다고 한다. 시각적 효과나 맛과 함께 실제 건강에 도움이 되는 효과도 있었던 것으로 보인다. 마름 모양도 특징이 있는데, 좋은 기

그림 96. 모자초(https://yahoo.jp/n_uk3l)

운을 가져다준다고 알려진 마름 열매를 모델로 하여 심장을 본떠 만들었다든지, 대지를 표현했다는 등 여러 설이 있다. 모두가 건강과 장수를 기원하는 의미를 담고 있다.

일본 사람들은 마름모꼴의 마름 문양을 문장(紋章)이나 옷감의 무늬 등에 다양하게 이용하고 있는데, 마름 문양은 말린 마름 열매 모양에서 따 왔다. 예를 들면 일보 전통 문양인 'Dokka'는 마름 모양으로 '어딘가(どっか)' 떠나고 싶은 마음을 표현하는 것이다.

그림 97. 마름 문양 (https://yahoo.jp/2UZ8fV)

그림 98. 마름 열매(https://yahoo.jp/KwJN7l)

그림 99. 일본 전통문양 'Dokka'(https://yahoo.jp/59RMAg)

### 히치키리

히나마쓰리에 쓰이는 또 다른 화과자로
는 히치키리가 있다. 이것은 히나마쓰리에
장식하는 유명한 화과자로 쑥떡을 길게 뜯
어서 떡 한 가운데 팥을 올리는 형태이다.
색깔은 히시모치와 마찬가지로 붉은 색, 흰
색, 녹색으로 만드는 경우가 많지만 다른
색으로 만들기도 한다.

**그림 100.** 아오노의 히치키리
(https://yahoo.jp/nUPuE5)

히치키리는 '뜯어 만든 떡'이란 의미로, 오늘날에는 고급 화과자가 되
었지만 원래는 마쓰리 준비로 바빠서 손으로 대충 뜯어서 만든 것이라는
뜻을 지니고 있다. 그런 연유로 지금도 가장자리에 뜯은 흔적이 남아
있게 만든다. 히치키리 역시 아라레와 마찬가지로 도쿄의 아사쿠사에 있
는 아오노가 유명한 노포이다.


### 4) 이세탄의 스즈카케(鈴懸)

일본의 음식이나 화과자는 자연의 모습을 본뜬 것들이 많다. 신주쿠
이세탄 백화점의 스즈카케도 그 중 하나이다. 스즈카케란 '매달린 방울'
이란 뜻으로, 플라타너스를 의미한다. 일본사람들은 플라타너스 열매가

**그림 101.** 스즈카케의 모나카 (https://ya
hoo.jp/3YWoRd)

**그림 102.** 플라타너스 열매(https://ya
hoo.jp/g2a-Py)

**그림 103.** 히나 인형과 히시모치(https://yahoo.jp/i9q5-F)

**그림 104.** 딸기 다이후쿠(https://yahoo.jp/Hfq8wF)

가지에 매달린 방울처럼 보인다고 해서 스즈카케라 부른다.

스즈카케의 대표적인 화과자는 플라타너스 열매를 본뜬 방울 모양의 모나카이다. 모나카 껍질은 니가타산 쌀을, 안에 든 팥은 홋카이도 토카치의 풍미 깊은 팥을 썼다. 스즈카케의 모나카는 노포가 늘어선 이세탄 백화점 안에서도 늘 가장 긴 줄을 서는 곳이기도 하다.

이세탄의 스즈카케에서는 이외에도 남자 인형, 여자 인형, 히시 요캉, 벚꽃, 감귤 모양을 본뜬 히나 마쓰리 장식용 화과자를 만들기도 하고, 후쿠오카산 딸기 품종 '아마오'를 사용한 딸기 다이후쿠도 이 가게의 대표적인 메뉴이다.

### 산이 웃는다

이세탄 스즈카케의 화과자 중 가장 인상적인 것은 '산이 웃는다'란 제

**그림 105.** 가어(歌語) '산이 웃는다' (https://yahoo.jp/5YURzv)

**그림 106.** 화과자 '산이 웃는다' (https://yahoo.jp/uYbQ_vf)

목의 화과자이다. 제목만으로는 언뜻 어떤 과자인지 짐작이 안 가는데, 이 화과자의 이름은 일본 문학과 깊은 관련이 있다. 일본 근세 시 형태 중 하이쿠라는 것이 있다. 하이쿠는 5, 7, 5 음절로 이루어진 전체 글자 수 17자에 지나지 않는 세계에서 가장 짧은 시의 형태이다. 이 하이쿠에는 계절을 나타내는 말인 가어(歌語)가 반드시 들어가야 하는데, '산이 웃는다'는 봄을 나타내는 가어이다. 다시 말해 초목이 새로 움트기 시작한 평화롭고 화사한 산을 묘사하는 표현이다. 스즈카케의 화과자 '산이 웃는다'는 우엉과 쑥으로 신록으로 뒤덮인 산과 연분홍 빛 봄꽃을 표현하고 있다. 화과자 하나에도 이처럼 자연과 서정과 운치를 담고 있는 일본인들의 장인정신과 문화적 저력이 느껴지는 대목이다.

**그림 107.** 도라야 아카사카점(https://ya hoo.jp/Brrdrv)

**그림 108.** 도라야 아카사카점(https://ya hoo.jp/l4j0AN)

**그림 109.** 도라야 아카사카점(https://numero.jp/news-20180930-torayaakasaka/p5)

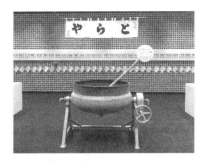

**그림 110.** 한천을 녹이는 데 사용했던 화로
(https://numero.jp/news-20180930-t
orayaakasaka/p2)

**그림 111.** 〈과자 견본장〉(https://numer
o.jp/news-20180930-torayaakasaka/
p2)

**그림 112.** 양갱 견본(https://numero.jp/news-20180930-torayaakasaka/p2)

## 5) 도라야의 요칸

도라야는 무로마치시대 후기 교토에서 창업한 화과자 노포이다. 이곳은 궁중에 화과자를 납품하는 '어소용' 제품을 만들었다. 그 후 메이지시대 천황의 도쿄 천도와 더불어 도쿄 아카사카에 가게를 열어 오늘날까지 요칸 제품 하나로 명성을 떨치는 가게이다.

도라야는 최근 아카사카 본점 건물을 새로 지었다. 아카사카는 긴자와 더불어 고급 요정이나 가이세키 요리점이 늘어서 있는 번화가로, 새 건물은 유명 건축가 나이토 히로시가 가게 입구는 옛날 방식 그대로 두고 현대식 기법과 전통 건축 양식이 조화롭게 어우러진 형태로 건축했다.

아카사카의 도라야에는 한천을 녹이는 데 사용했던 오래된 화로라든지, 1918년에 만들어진 <과자 견본장>에 쓰인 약 450점의 양갱 디자인 등을 전시하고 있어 일본 양갱의 역사를 살펴볼 수 있다.

### 도라야의 양갱

**그림 113.** 도라야(https://numero.jp/news-20180930-torayaakasaka/p4)

**그림 114.** 도라야의 양갱(https://yahoo.jp/y5wCAK)

### 전통과 현대의 조화

오랜 전통을 지닌 도라야지만 전통 방식을 고수하면서도 현대적, 국제적 감각을 갖추기 위해 노력하고 있다. 전통적인 팥 색 이외에도 파스텔 톤의 다양한 색을 사용한다든지, 양갱 안에 후지산이나 동물 모양을 담는다든지 하는 예술적 시도를 하고 있다.

**그림 115.** 후지산을 담은 양갱(https://yahoo.jp/a5XlAX)

**그림 116.** 동물 모양을 넣은 양갱 (https://yahoo.jp/bsFyQ5).

그림 117는 2020년 도라야가 파리점 오픈 40주년 기념으로 <피에르 에르메 파리>와의 콜라보레이션으로 만든 화과자이다. 이 화과자는 라 즈베리 양갱 심을 흰 팥으로 감싸고, 장미와 라이치의 풍미를 담은 소보 로를 겉에 씌운 것이다.

**그림 117.** https://yahoo.jp/STWt 2h

**그림 118.** 도라야 파리점(https://yahoo.jp/Zx BoAC)

## 6) 긴자 기쿠노야

긴자의 기쿠노야는 메이지 23년(1890년) 긴지로가 긴자에서 가부키 센베를 팔던 데서 시작됐다. 그 후 다이쇼 후기 2대째 때 차를 마실 때 먹는 과자를 만들기 시작해서 '후키요세(富貴寄, 부귀를 부르는 과자)' 라는 상표를 등록한다. 3대째에는 긴자 5초메에 긴자 코아가 생겼을 때 지하 1층에 본점을 오픈했다. 지금은 5대째로 창업한지 약 130년 되는 가게이다. 이곳의 대표적인 화과자를 보도록 하겠다.

### 에도 츠마미

에도 츠마미란 '에도 간식'이라는 뜻이다. 이것은 카스테라로 겉을 싸 고 안에는 팥, 검은 깨, 밤을 으깨 넣은 세 종류를 넣어 만든 화과자이다.

### 에도의 사치

에도의 사치란 【복】을 채운 '개운 (開運) 12간지(干支) 통'과 미즈 요캉 (묽은 양갱) 선물 세트이다. 전통과자 에 12간지 문양의 전통 과자 통이 들 어간 형태로 되어 전통 종이에 묽은 양갱(밤, 말차)과 젤리(콩)를 넣었다. 그 외 계절에 따라 벚꽃, 망고, 유자 등이 들어간다.

그림 119. 에도 츠마미(http://ec.gi nza-kikunoya.co.jp/)

그림 120. 에도의 사치(https://ya hoo.jp/a2qgSa)

그림 121. 에도 기쿠노야의 미즈 요캉 (http://ec.ginza-kikunoya.co.jp/)

### 간지 JAPAN

간지 JAPAN은 일본인들이 좋아하는 후지산과 일본의 사계절을 에도 풍 화과자로 표현한 상품으로 송죽매(松竹梅)와 도미와 운페이(雲平, 구 름 모양), 와산봉(和三盆) 등을 함께 넣었다. 모든 복을 담은 선물 세트 로 새해에 건강하고 행복하게 멋진 새해를 맞이하라는 의미의 신년 선물 용 화과자이다.

**그림 122.** 고토호구(축하, 축복)(http:
//ec.ginza-kikunoya.co.jp/)

**그림 123.** 운페이(https://yahoo.jp/ySgnKA)

### 와산봉(和三盆)

와산봉이란 주로 가가와현이나 도쿠시마현과 같은 시코쿠 동쪽 지역
에서 전통적으로 생산되는 설탕의 일종이다. 흑설탕을 부드럽게 만든 것
같은 독특한 풍미를 지니며 옅은 황색을 띠고 있고 입자가 부드러워 입
에서 금방 녹는 것이 특징이다.

'산봉(三盆)'이란 이름은 '쟁반 위에서 설탕을 세 번 갈아서 만든다'는
의미로, 일본 고유의 제당과정에서 유래한 것으로 고급 설탕의 하나이다.

**그림 124.** 와산봉(https://yahoo.
jp/R9v_2Q)

**그림 125.** 와산봉(https://yahoo.jp/20V4SG)

와산봉은 다회(茶會) 등에서 사용하는 화과자로 널리 알려져 있다.

### 후쿠로 완사카

일본어의 후쿠로는 부엉이를 의미한다. 부엉이는 밤새도록 복을 부른다고 하여 일본에서 복을 부르는 새로 알려져 있다. 후쿠로 완사카는 양갱과 갈분 떡(구즈모치) 등 8개의 복을 넣어 만든 과자 세트로 복을 부르는 부엉이 모양으로 만든 과자이다.

**그림 126.** 부엉이 완사카(http://ec.ginza-kikunoya.co.jp/)

**그림 127.** 후쿠로 완사카(https://yahoo.jp/fDMgl9)

### 개운 12간지 통

개운 12간지 통은 부엉이와 마찬가지로 일본에서 복을 부르는 고양이인 '마네키 네코', 재물을 등에 실은 소, 도미 등을 넣은 선물 세트이다.

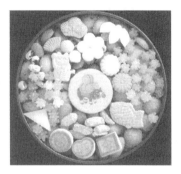

**그림 128.** 개운 간지관(開運干支缶)
(http://ec.ginza-kikunoya.co.jp/)

### 긴자 긴자(金座銀座)

마지막으로 '긴자 긴자'는 창업한지 백 여 년 간 가게를 지탱하게 해준 긴자에 대한 보답으로 만든 과자이다. 원래 긴자는 금화와 은화를 만들던 화폐 주조소가 있던 곳이어서 금화, 은화모양으로 과자를 만들었다. 일본어로는 금좌나 은좌나 모두 긴자로 표기되어 같은 발음이라 구분이 어렵지만

**그림 129.** 긴자 긴자(金座銀座)

금좌(金座)에는 밤을, 은좌(銀座)에는 팥 앙금을 넣어 만들었다. 선물세트에 금좌와 은좌가 각각 3개씩 들어있다.

이상 도쿄의 화과자는 일본의 오랜 전통과 문화를 담거나 예술혼이나 장인 정신에서 탄생한 것, 혹은 자연을 그대로 본뜨거나 복을 기원하는 등 다양한 일본의 문화를 담고 있어 많은 사람들의 사랑을 받으며 발전하고 있다.

| 지은이 소개 |

허영은 _ 대구대학교 일본어일본학과 교수

1959년 서울에서 태어나 한국외국어대학교 일본어과, 일본 오차노미즈대학 박사 과정
수료 후 1992년부터 대구대학교 일본어일본학과에 교수로 재직하고 있다. 일본 고대
여성들의 삶에 관심을 갖고 혼인과 가족제도 속의 여성의 삶의 모습을 천착하고 있다.
최근에는 사회제도에서 소외된 여성들이 괴물의 모습으로 기호화되는 과정에 대해
연구하고 있다.

저서로 〈일본문학으로 본 여성과 가족〉(2005년), 〈포스트모던사회에서의 문학의 역
할〉(2007년, 공저) 〈기억 환상 그리고 실체〉(2009년, 공저), 〈도시의 확장과 변형-문
학과 영화편〉(2021년) 등이 있다.

대구대학교 인문과학연구소
동아시아도시인문학총서 10

# 도쿄 인문기행

초판 인쇄  2022년 6월 20일
초판 발행  2022년 6월 30일

기    획 | 대구대학교 인문과학연구소
지 은 이 | 허영은
펴 낸 이 | 하운근
펴 낸 곳 | 學古房

주    소 | 경기도 고양시 덕양구 통일로 140 삼송테크노밸리 A동 B224
전    화 | (02)353-9908 편집부(02)356-9903
팩    스 | (02)6959-8234
홈페이지 | http://hakgobang.co.kr/
전자우편 | hakgobang@naver.com, hakgobang@chol.com
등록번호 | 제311-1994-000001호

ISBN 979-11-6586-461-3   94910
      979-11-6586-396-8  (세트)

값 : 14,000원